Andreas Modery

Mo's grüne Welt

Die besten Gartentipps
von Andreas Modery

Andreas Modery

Mo's grüne Welt

Die besten Gartentipps von Andreas Modery

KOSMOS

Inhalt

Dankeschön!

An dieser Stelle möchte ich mich bei Ih-
nen meinen lieben Gartenfreundinnen
und -freunden ganz herzlich für die
Treue und das Vertrauen bedanken.
Dieses Buch konnte nur durch Sie entste-
hen, da Sie den Kontakt zu mir aufgenommen und mir Ihre
Fragen rund um den grünen Daumen anvertrauten.
Vielen herzlichen Dank!

Noch jemanden gilt es heute zu danken: Meinem langjährigen
Freund, Berater, Creative- & Supervising Director, Regisseur,
... Walter A. Franke. Er ist aus Mo´s grüner Welt nicht weg-
zudenken!
Walter A. Franke ist einer der renommiertesten Filmemacher
im deutschsprachigen Raum. Trotz eines gefüllten Termin-
kalenders ist er bei jeder Mo´s grüner Welt-Produktion mit
an Bord – grazie dottore!

Ich freue mich heute schon auf ein Wiedersehen und Wieder-
hören mit Ihnen!
Alles Liebe, alles Gute und stets den grünen Daumen

Ihr

Andreas Modery

Rasen

Alle sagen, dass man nur Rasenmähen kann, wenn dieser trocken ist. Was kann denn passieren, wenn ich den nassen Rasen mähe?

Das Gras wird dabei eher gerissen. Das gibt ein unsauberes Schnittbild. Außerdem setzt sich das nasse Gras als Pampe im Messerraum und im Fangsack ab. Irgendwann steckt das Messer fest; der Fangsack füllt sich nicht ordentlich. Der Mäher wird pausenlos verstopft sein.

Sollte man den Rasen bei schönem Wetter im Herbst noch mähen?

Ja, solange der Rasen wächst, sollte er auch noch gemäht werden, insbesondere, um im Winter Fäulnispilze zu vermeiden. Aber nicht mehr ganz so kurz, damit die Rasenwurzeln noch ein wenig vor Frost geschützt sind.

Sollte Laub auf dem Rasen und im Beet liegen bleiben?

Auf dem Rasen sollte herabgefallenes Laub auf jeden Fall entfernt werden, denn darunter können sich schädliche Pilze entwickeln. Auf Beeten aber schützt herabgefallenes Laub empfindliche Pflanzen vor allzu viel Frost, besonders bei Kahlfrösten ohne eine schützende Schneedecke.

Soll man den Rasen im Herbst düngen?

Im Oktober ist es für eine Düngung schon zu spät. Ende August bis Anfang September aber empfiehlt sich eine so genannte Herbstdüngung. Dabei verwendet man einen Rasendünger, der weniger Stickstoff und mehr Kalium enthält. Dieser fördert die Frosthärte und stärkt den Rasen für den Winter.

Sind Mulch-Rasenmäher effektiver als normale Rasenmäher?

Mulch-Rasenmäher sind rotierende Mäher, die das Schnittgut in kleinere Teilchen zerhäckseln und es gleichmäßig zum Verrotten auf den Boden in die Grasnarbe zurückfallen lassen. Beim Mulchen ist es wichtig, dass maximal ein Drittel der Halmhöhe entfernt wird. Gute Mulch-Rasenmäher verteilen das Schnittgut gleichmäßiger auf der Rasenoberfläche als normale Mäher.

Wie oft soll der Rasen im Herbst oder im Frühjahr gekalkt werden?

Mit der Kalkung beugt man einer Übersäuerung des Bodens vor. Vor einer Kalkung sollte man daher den pH-Wert (Säuregehalt) durch eine Bodenprobe ermitteln, um den Kalkbedarf feststellen zu können. Starker Moosbewuchs kann auch ein Zeichen von Kalkmangel sein.

Gekalkt wird zu Beginn der Wachstumsperiode, also im zeitigen Frühjahr. Da der zugeführte Kalk wasserlöslich ist, würde er im Herbst und Winter teilweise in tiefere Bodenschichten ausgewaschen werden.

Trotz optimaler Pflege wird der Rasen im Sommer immer wieder braun. Woran könnte dies liegen?

Die Messer Ihres Rasenmähers sind nicht mehr scharf! Mit stumpfen Messern zu mähen, ist, als ob man dem Rasen eine schlechte Frisur verpasst. Statt wie bei scharfen Messern zu schneiden, fransen stumpfe Klingen das Gras aus, oder beschädigen es. Gerade im Sommer wirkt sich das Mähen mit stumpfen Messern besonders fatal aus, da sich die gerupften Halmspitzen braun verfärben. Wenn das mit allen Halmen passiert, sieht Ihr Rasen nicht mehr wie ein dichter, grüner Teppich aus, sondern eher wie ein Strohfeld. Zudem bietet ein „verletzter" Rasen an den offenen Halmenden auch einen optimalen Angriffspunkt für verschiedene Krankheiten. Mein Tipp: Benutzen Sie ausschließlich scharfe Messer. Ersetzen Sie alte Messerklingen mindestens einmal pro Saison, auch öfters, wenn sie stark beansprucht wurden.

Wie verhindere ich Dürreschäden?

Selbst in trockenen und sehr heißen Sommern lassen sich Dürreschäden im Rasen vermeiden. Zunächst einmal muss dafür gesorgt werden, dass der Rasen nicht zu kurz geschnitten wird; der Rasenmäher muss also entsprechend höher gestellt werden. Und dann muss stets ordentlich gegossen werden. Am besten geeignet ist hierfür eine Regneranlage. Bewährt hat sich das Gießen oder Beregnen am sehr frühen Morgen. Dann kann das Wasser tatsächlich auch bis zu den Graswurzeln vordringen. Wenn man bei heißem Wetter gießt, verdunstet das Wasser wieder, ehe es in den Wurzelbereich vordringt.

Wie kann ich kahle Stellen im Rasen ausbessern?

Zunächst sollte man die gesamte Rasenfläche ganz kurz mähen. Danach lockert man den Boden an den verkahlten Stellen mit einem Eisenrechen ziemlich flach auf. Nun sät man auf die betroffenen Stellen einen gut und rasch keimenden Rasensamen, wobei man nicht zu sparsam sein sollte. Man rechnet etwa 30 Gramm Rasensamen pro Quadratmeter. Anschließend deckt man die Flächen mit gesiebter Komposterde ab und klopft sie mit einer Schaufel leicht an. Bis zum Aufgehen der Saat muss der Rasen stets gleichmäßig feucht gehalten werden. Aber Vorsicht beim Wässern, sonst wird der Samen wieder fortgespült!

Wie kann ich Hexenringe beseitigen und wie kann ich verhindern, dass sie wiederkommen?

Einen Schutz vor Hexenringen gibt es nicht. Jedoch lässt sich durch eine ordentliche Rasenpflege das Entstehen oder die Ausbreitung der Schäden stark reduzieren. Besonderes Augenmerk ist auf die Filzbekämpfung zu legen. Verfilzter Rasen ist ein ideales Nährmedium für Hexenringerreger. Vertikutieren, Aerifizieren und Besanden sind also angesagt.

Beim Auftreten von trockenen oder abgestorbenen Stellen hilft fast immer das zusätzliche Bewässern der befallenen Regionen. Hierzu werden die Flächen intensiv gelöchert (mit dem Aerifizierer oder einer Grabegabel) und anschließend durchdringend befeuchtet. Dies geschieht am besten mit einem nur wenig geöffneten Wasserschlauch, so dass das Wasser langsam im Boden versickern kann und nicht an der Oberfläche abläuft.

Wie oft sollte ich meinen
Rasen mähen?

Viele Gärtner mähen irrtümlicherweise einmal pro Woche, meistens am Wochenende. Gras sollte aber nur dann geschnitten werden, wenn es nötig ist – nicht an einem künstlich geschaffenen Termin.

Mein Tipp: Mähen Sie so oft wie nur möglich! Denken Sie einfach an die Golfplätze – diese werden alle zwei Tage gemäht. Denn öfter zu mähen bedeutet, dass das Schnittgut kleiner ist und zwischen den Grashalmen auf die Bodenoberfläche fallen kann, wo es schnell verrottet und eine beachtliche Menge von Nährstoffen freigibt – bis zu 9 kg Stickstoff pro etwa 1000 m²–, und sich zusätzlich zu Mikronährstoffen und organischem Material verwandelt, das als Mulch die Bodenfeuchtigkeit hält und Temperaturunterschiede ausgleicht.

Übrigens: Der Zeitaufwand bei häufigem Mähen ist geringer als bei ein Mal wöchentlichem – es gibt keine Grasfangbox zu leeren, geschweige denn Zusammenrechen!

Wann kann ich vor und nach dem
Winter den Rasen schneiden?

Normalerweise mäht man den Rasen Mitte/Ende Oktober zum letzten Mal vor Winterbeginn. Dabei kann man auch noch einmal Unkräuter ausstechen. Im kommenden Jahr wartet man mit dem ersten Schnitt, bis der Rasen etwa 4 bis 5 cm hoch und der Boden etwas abgetrocknet ist, sonst reißt man beim Schneiden die Gräser aus dem Erdreich. Gedüngt wird gewöhnlich erstmals im Mai, nur sehr nährstoffarme Böden sollte man bei warmem Wetter ab Ende März düngen.

Wann und wie oft sollte ich meinen Rasen bewässern?

Bewässern Sie Ihren Rasen früh am Morgen, so dass das Wasser Zeit hat, in den Boden einzudringen, bevor es verdunsten kann. Ihr Rasen benötigt wöchentlich etwa 30 bis 40 l/m² Wasser. Sprinkleranlagen sollten lange genug laufen, um das Wasser in den Boden eindringen zu lassen, aber nicht zu lange, damit keine Staunässe entsteht. Mein Tipp: Stellen Sie ein Wasserglas auf die Rasenfläche und schalten den Rasensprengler ein. Stellen Sie Ihn erst wieder ab, wenn das Glas mit ca. 4 bis 5 cm Wasser gefüllt ist.

Wie und wann sollte man Fertigrasen verlegen?

Fertig- oder Rollrasen ist teurer als Saatgut. Wen das nicht stört, der sollte die betreffende, unkrautfreie, umgegrabene und leicht gewalzte Fläche vor dem Verlegen mit einem Rasendünger nach Vorschrift düngen, falls der Boden nährstoffarm ist. Dann wird die erste Reihe Rasen, der in Rollen angeliefert wird, vom Rand her verlegt und festgedrückt. An den Außenkanten lässt man etwas Sode überstehen, die später abgestochen wird. Dann legt man ein Standbrett auf diese erste Reihe, stellt sich darauf und kann nun die zweite Reihe verlegen und so weiter. Die Rasenbahnen müssen möglichst dicht zusammengefügt sein, das fördert die Wurzelbildung. Fertigrasen kann man das ganze Jahr verlegen, außer bei Frost. Im Herbst verlegt man ihn am besten bis Oktober, damit sich bis zum Eintritt des Winters noch neue Wurzeln bilden können.

Muss man gewöhnlichen Rasen düngen?

Wenn der Rasen im Garten schön dicht und gesund sein soll, braucht er auch Düngergaben. Man kann den Dünger – am besten verwendet man einen Vorratsdünger – auf den geschnittenen und gut gewässerten Rasen streuen. Dazu nimmt man 20 bis 30 Gramm pro Quadratmeter Fläche. Anschließend noch einmal gut wässern! Noch einfacher ist es jedoch, wenn man zum Gießwasser Dünger zugibt. Dazu verrührt man zwei bis vier Gramm pro Liter Wasser und gießt diese Lösung gleichmäßig auf die Rasenfläche.

Was versteht man unter Aerifizieren?

Aerifizieren ist der Fachbegriff für das Belüften des Bodens, insbesondere der Rasenfläche. Das sollte man immer dann durchführen, wenn die Rasenoberfläche sich zu stark verdichtet hat. Auf jeden Fall sollte man aber kurz vor Einsetzen des Winters jeden Rasen durchlüften. Das geschieht bei kleineren Rasenstücken, indem man mit einer Grabegabel oder einem speziellen Aerifizierungsgerät Löcher in die Rasenoberfläche sticht. Für größere Flächen empfiehlt sich ein fahrbares Aerifizierungsgerät. Diese Art der Belüftung ist – im Gegensatz zum Vertikutieren – eine reine Oberflächenbearbeitung des Rasens.

Und was unter Vertikutieren?

Beim Vertikutieren wird die Grasnarbe mit einem Rechen, der statt Zinken scharfe Messer hat, aufgerissen. So werden eine Verzweigung der Grastriebe angeregt, Moos und Unkräuter entfernt und der Rasen belüftet.

Mein Nachbar behauptet, dass mein Rasen von Hexenringen befallen wäre. Woran kann ich diese Krankheit erkennen?

Hexenringe können sich in Rasenflächen in vielfältigen Formen zeigen. Ursache hierfür sind verschiedene Pilze (zum Beispiel *Marasmius oreades*), die die Symptome von Hexenringen hervorrufen. Allen gemeinsam ist, dass das Pilzmyzel sich im Boden ringförmig ausbreitet und die typischen Ringe hinterlässt. Besonders befallen werden ältere Rasenflächen, die an der Oberfläche verfilzt sind. In und von diesem Filz leben die Hexenringpilze und warten dort auf günstige Bedingungen zur Ausbreitung.

Es gibt auf Rasenflächen drei verschiedene Erscheinungsbilder von Hexenringen:

Typ 1 verursacht teilweise schwere Schäden an den Gräsern. Hierbei stirbt der Rasen zwischen zwei fast parallel verlaufenden, dunkelgrünen Ringen ab.

Typ 2 zeigt seine Präsenz durch einen dunkelgrünen Ring, in dem die Gräser auch stärker wachsen. Bei feuchter Witterung bilden sich im Ring häufig Fruchtkörper.

Typ 3 verursacht besonders im Sommer und Herbst über die gesamte Rasenfläche ungleichmäßig verteilte Fruchtkörper (Pilzhüte), ohne dass die typischen Ringe entstehen. Durch Abmähen oder bei Trockenheit verschwinden die Fruchtkörper wieder.

Bei allen Hexenringtypen findet man im Boden ein weißes Pilzmyzel, das einen typischen Pilzgeruch ausströmt und stark wasserabweisend ist. Häufig ist dieses Myzel auch für das Vertrocknen des Rasens verantwortlich.

Zu welcher Jahreszeit kann ich Rollrasen verlegen?

Im Grunde fast das ganze Jahr! So lange, wie Sie keinen starken Bodenfrost erwarten müssen. Wenn die zarten Wurzeln in den ersten zwei bis drei Wochen anfrieren, können Sie den Blättern, die weiter Wasser verdunsten, kein Wasser liefern und der Rasen vertrocknet.

Soll ich das Laub des Trompetenbaums abharken?

Der Trompetenbaum (*Catalpa*) ist ein industriefester Baum, der zwar schön blüht, aber leider auch sehr viele Samenschoten und viel Laub trägt. Wenn Schoten und Blätter im Herbst – meist nach den ersten Frösten im November – auf den Rasen fallen, bilden sie dort einen dichten Teppich. Lässt man ihn liegen, wird der Rasen darunter glitschig und fault nach einiger Zeit. Also: Laub und Schoten unbedingt abharken. Das gilt natürlich auch für das welke Laub anderer Bäume, die in Rasenflächen stehen.

Gibt es gegen Giersch eine wirksame Abhilfe?

Giersch ist eines der hartnäckigsten Unkräuter im Rasen, eine echte Plage für den Hobbygärtner. Leider gibt es nur eine wirklich wirksame, wenn auch sehr mühselige Abhilfe dagegen: Das rückenschmerzende Bücken und Ausreißen mit der Hand! Dabei muss man sehr sorgfältig darauf achten, dass man möglichst auch die unterirdischen Rhizomabschnitte mit ausreißt, denn aus ihnen entwickeln sich unweigerlich wieder neue Gierschpflanzen!

Wie schütze ich die Rasensaat vor Vögeln?

Leider ist es häufig so: Mühevoll hat der Hobbygärtner eine schöne Rasenfläche angelegt, ordentlich gegossen und wartet nun auf das erste Sprießen. Aber kaum dreht er sich um, schwärmen Vögel in großer Zahl herbei, um sich an der Saat gütlich zu tun. In solchen Fällen kann man nur versuchen, die ungebetenen Gäste durch selbstgebastelte Vogelscheuchen abzuhalten – etwa durch an Schnüren befestigte Silberpapierstreifen, die sich im Wind bewegen und leise rascheln. Bei kleineren Flächen kann man auch spezielle Netze (Fachhandel) über die frisch eingesäte Fläche spannen.

Rosen

Was genau bedeutet
wurzelnackte Rose?

Kein Problem – selbst für Sittenwächter! Wurzelnackt bedeutet, dass die Rose im Boden gewachsen ist und nicht in einem Topf. Sie wird zum Verkauf vorsichtig mit den Wurzeln aus der Erde gezogen (im Fachjargon: gerodet) und kann ausschließlich in der Vegetationsruhe (von Oktober bis März/April) mit nackten Wurzeln verkauft und gepflanzt werden.

Meine Rosenblätter weisen kleine Löcher aus. Welcher Schädling hat sich da breit gemacht und was können wir dagegen tun?

Zikaden verursachen einen sogenannten Fensterfraß an der Blattunterseite. Dadurch wird das Blatt und die Pflanze geschwächt. Entfernen Sie befallene Blätter.

Ich habe meine Rosen zurückgeschnitten und am nächsten Tag hat es geschneit. Was soll ich tun?

Keine Panik wegen des Schnees. Den vertragen auch die bereits geschnittenen oder gerade frisch gepflanzten Rosen. Problematisch würde es nur, wenn harte Fröste ohne Schnee den Pflanzen zusetzen. Schnee allerdings kann eher als Kälteschutz betrachtet werden. Nach einem milden Winter ist es verlockend, die Rosen schon im zeitigen Frühjahr zu schneiden. Der Austrieb ist einfach schon so stark, dass es höchste Zeit wird. Ein Restrisiko bleibt leider, dass ein später Frost die jungen Austriebe dann doch noch erwischt.

Rosen sollen eher unkompliziert in der Pflege sein, welche Standortbedingungen brauchen sie?

Rosen lieben einen sonnigen, luftigen Standort. An sich sind Rosen sehr anpassungsfähige Gehölze, die nur in extremen Ton-, Sand- und Kalkböden schlecht gedeihen. Ein leicht feuchter, lehmartiger, tiefgründig gelockerter, humoser Boden bietet Rosen die besten Wachstumsbedingungen. Außerdem, und das ist ganz wichtig, brauchen Rosen viel Platz, um sich richtig entfalten zu können, sie dürfen keinesfalls dicht gedrängt stehen.

Ich habe eine Rose im Herbst an eine Mauer gesetzt. Sie wächst und wächst, aber nicht eine einzige Blüte ist dran. Hat jemand eine Idee, was ich falsch mache?

Einige Rosen blühen erst am zweijährigen Holz. Dann aber um so schöner.

Warum soll man Rosen schon ab Ende Juli nicht mehr düngen, wo sie doch noch so lange blühen?

Wenn man Rosen während ihrer ganzen Blütezeit düngt, wird das Rosenholz durch die stetige Nährstoffzufuhr zum Wachstum angespornt. Es kommt nicht zur Ruhe, geht grün beziehungsweise unreif in den Winter. Die Zellen sind prall mit Wasser gefüllt und haben dem Frost nichts entgegenzusetzen. Die Folge: Erfrierungen!

Wie schütze ich meine Rosen vor Kälte?

Dazu gibt es verschiedene Möglichkeiten. Entweder Sie häufeln um die Stöcke etwa 10 bis 15 cm hoch Erde auf oder Sie verwenden dazu Laub oder Grasschnitt. Bei langanhaltenden Frösten und bei starker Wintersonneneinstrahlung schützen Sie Ihre Rosen am besten durch Tannen- oder Kiefernreiser, die Sie locker über die Büsche legen sollten.

Was sind eigentlich Ramblerrosen?

Rambler werden jene Kletterrosen genannt, die sich mit weichen, biegsamen Trieben gerne an Pergolen, Rankbögen oder Bäumen emporhangeln. Dabei erreichen diese Rosen bis zu 10 Meter Höhe. Sie blühen in der Regel nur einmal im Früh- oder Hochsommer – dafür aber wochenlang und in einer verschwenderischen Fülle an kleinen Blüten. Beliebte und robuste Sorten sind 'Super Excelsa', 'Bobbie James' und 'Kiftsgate'. Ramblerrosen bevorzugen einen sonnigen, aber nicht zu heißen und windigen Standort. Bei der Pflanzung werden diese Rosen leicht schräg zur Kletterhilfe gesetzt, damit die Pflanzen schnell an ihr Halt finden.

Ab etwa **Mitte Mai** rollen sich viele **Blätter** unserer Rosen **zigarrenförmig** ein. Woran liegt das?

Es liegt an den Larven des Rosenblattrollers – so bezeichnet man diese bis zu 9 mm große Blattwespenlarve. Um es vorweg zu sagen: Es leidet nur die Schönheit der Rose – sie wird weder krank noch stirbt sie deshalb. Nach einigen Wochen verlassen die Larven die Blätter und wandern in den Boden, wo sie auch überwintern. Verpuppung und Schlupf der Blattrollwespen erfolgen im Frühjahr. Im Mai/Juni legen die Rosenblattrollwespen ihre Eier ab, wobei die Blätter entlang der Mittelrippe angestochen werden, damit sie sich einrollen. Befallene Blätter sofort abpflücken und vernichten, solange die Larven noch nicht in den Boden ausgewandert sind. Eine direkte Bekämpfung der Larven ist mit naturgemäßen Spritzmitteln nicht möglich, da diese in den gerollten Blättern mit Kontaktmitteln nicht zu erreichen sind.

Soll ich Rosen **ober- oder unterhalb** der **Veredelungsstelle** pflanzen?

Die Veredlungsstelle bei Rosen sollte unterhalb der Erde liegen, zumindest in unseren Breitengraden. Einziger Grund: Höhere Frostresistenz. So haben Ihre Rosen auch in einem harten Winter eine gute Chance, zu überleben. Obstbäume sind weniger frostgefährdet als Rosen, deshalb sollte beim Obstbaum die Veredelungsstelle immer oberhalb des Erdniveaus liegen. Außerdem besteht die Gefahr, dass, falls sie tiefer liegt, die Sorte selber bewurzelt und der Einfluss der Unterlage (zum Beispiel schwacher Wuchs, große Früchte) verloren geht.

Kann ich mein Rosen-Stämmchen im Kübel lassen oder muss ich es im Garten einpflanzen?

Beide Möglichkeiten sind vorhanden – Sie entscheiden!
Falls Sie sich für den Kübel entscheiden, sollten Sie die Pflanzen spätestens in einem Jahr vom 14-Liter-Topf in ein größeres Gefäß umtopfen (20 bis 40 l), Sie haben dann auch weniger Stress mit dem Gießen.

Bei Kübelkultur (und auch im Garten ausgepflanzt) die Krone im Winter gut mit isolierendem Material einwickeln, eventuell auch den Topf. Den Kübel im Winter jeden Monat kontrollieren und wenn nötig Wasser nachgießen (nicht austrocknen lassen).

Soll man zum Abdecken im Winter ausschließlich Tannenzweige benutzen oder sind auch Fichten- und Kiefernzweige geeignet?

Die Tanne verliert selbst im trockenen Zustand keine Nadeln! Rosen mögen keine Nadeln, da diese den pH-Wert des Bodens ins saure Milieu verändern. Deshalb: Keine Fichtenzweige! Das Reisigmaterial wird dachplattenähnlich zusammengefügt. Mit längeren Koniferenzweigen lassen sich auch die Kletterrosen gut vor der Kälte schützen. Hochstammrosen bekommen den besten Winterschutz, wenn Sie die Krone locker mit Holzwolle füllen und eine Leinentasche darüber stülpen. Plastiktüten sind für diesen Zweck ungeeignet, da sich unter der Folie Schwitzwasser bildet, das Pilzen und anderen Krankheiten Tür und Tor öffnet.

Ich würde gerne aus den Rosen aus einem Blumenstrauß Stecklinge machen, weiß aber nicht ob das überhaupt geht.

Mit etwas Glück und Geschick können Sie Rosen aus dem Garten, aber auch Schnittrosen, durch Stecklinge selbst vermehren. Die ideale Zeit dafür ist der Monat Juli. Wählen Sie gut ausgereifte, einjährige Triebe ohne Blütenknospen für die Vermehrungsaktion aus. Jedem Steckling lassen Sie nur drei bis vier Blätter. Das ist notwendig, um während der kritischen Bewurzelungszeit die Verdunstungsfläche zu verringern. Außerdem wird damit gleichzeitig der Drang gefördert, Wurzeln zu bilden. In den Achseln der Blattstiele befinden sich unscheinbare Augen, die später austreiben. Stecken Sie die Stecklinge recht flach und fest in einen Blumentopf mit sandiger, humusreicher Erde. Achten Sie darauf, dass das unterste Auge ihres Zöglings nicht tiefer als 1 cm unter der Erdoberfläche steckt. Anschließend wird der Nachwuchs gut angegossen und mit einer Klarsichtfolie abgedeckt. Bei regelmäßigem Besprühen bilden sich innerhalb von drei Wochen Wurzeln und dem Umzug der Jungrosen ins Beet steht nichts mehr im Wege.

Kann ich dort, wo eine Rose wuchs, wieder eine andere pflanzen oder muss der Boden ausgetauscht werden?

Je nach Rosenart sollte man wenigstens ein Loch von 60 x 60 cm, besser 70 x 70 cm, ausheben. Den Aushub mit 30 % Rosenerde und reichlich Kompost mischen und wieder ins Loch geben. Der Rest kann zum Beispiel für Kübel benutzt werden. Dann muss man der Rose Zeit geben; im ersten Jahr wächst sie noch langsam, meist geht's erst ab dem zweiten oder sogar dem dritten Jahr so richtig mit dem Wachsen los. Ein totaler Austausch des Bodens ist normalerweise nicht nötig. Ich mache den Teilaustausch grundsätzlich bei jeder Neupflanzung von Rosen.

Mein Bodendecker-Efeu hat sich so ausgebreitet, dass er auch das Rosenbeet schon zur Hälfte abdeckt. Schadet das den Rosen?

Vorsicht – die Königin Ihres Gartens fühlt sich bedroht! Efeu sollte tunlichst nicht unter Rosen gepflanzt werden, da dieser bestrebt ist, an den Zweigen der Rose hinauf zu wachsen. Die spätere Entfernung gestaltet sich beispielsweise an einer Beetrose mit vielen Trieben umständlich und hat Blessuren an Armen und Händen zur Folge.

Auch nimmt der Efeu den Rosen viele Nährstoffe weg, da dieser ein gut vernetztes Wurzelwerk besitzt. Allenfalls schwachwüchsige Bodendecker wie Fetthenne (*Sedum album*) und andere können unter Rosen wachsen.

Meine Rose hat zwei Triebe, welche ganz gerade sind und keinerlei Knospen aufweisen. Sind das Wildtriebe?

Wilde Rosentriebe sind Zweige, die am Rosenstock unterhalb der Veredlungsstelle austreiben. Sie haben meist sechs oder sieben Blätter und rauben der Edelrose viel Saft und Kraft, so viel, dass sie sogar eingehen kann. Der Hochsommer ist die beste Zeit, um Wildtriebe zu entfernen. Graben Sie bis zum Wurzelstock auf und schneiden Sie den Wildling ab. Zu erkennen sind wilde Triebe daran, dass sie anders aussehen als die Zweige der Edelrose.

Im Herbst habe ich die ersten Rosen gepflanzt und nun zurückgeschnitten. Darf ich dabei bereits düngen?

Vor und beim Pflanzen wird nicht gedüngt. Die erste Düngergabe erfolgt frühestens nach dem Abhäufeln. Es genügt dann der Düngervorrat für das erste Jahr, zum Beispiel 50 bis 100 g/m² eines blauen Volldüngers. Im Spätherbst oder Winter schon für das kommende Jahr Phosphor und Kali streuen. Stickstoff wird während des Wachstums gegeben, im März und Mai/Juni, je nach Witterung. Spätestens jedoch in der zweiten Julihälfte nicht mehr düngen, um ein gutes Ausreifen zu fördern.

Zu der Mengenangabe: 100 g/m² sind, besonders bei jungen oder kleinen Rosen, viel. Da man meist nur die nähere Umgebung der Rose düngen muss, sollte man unbedingt die Menge reduzieren. Das Unkraut drumherum muss ja nicht gedüngt werden. 30 g pro Rose ist da schon realistischer.

Ich habe bei der Rose 'Cardinal de Richelieu' ein großes Problem: Sie breitet sich mit ihren Ausläufern überall aus?

Mein Tipp: 'Cardinal de Richelieu' muss festgesetzt werden, das heißt es hilft – außer einer Wurzelsperre – nur, diese Rose in einen Kübel zu pflanzen.

Wie bringe ich meine Rosen sicher durch den Winter?

Der beste Frostschutz bei Rosen ist das Anhäufeln. Für diesen Zweck eignet sich Komposterde am besten. Sie ist billig und kann im kommenden Frühjahr – wenn der Wintermantel wieder abgenommen wird – problemlos auf dem Beet verteilt werden. Um gegen alle Eventualitäten – wie zum Beispiel lang anhaltende Fröste und starke Wintersonne – gerüstet zu sein, sollten Sie über die angehäufelten Rosen im lockeren Verbund Tannenreisig legen.

Soll ich aus meinen Rosenbeeten grundsätzlich das Herbstlaub von Bäumen und Sträuchern entfernen?

Laub kann man liegen lassen, außer wenn es von Sternrußtau befallen war.

Dieser Pilz überwintert auf Falllaub und steckt die Rosen im Frühjahr gleich wieder an. Manch einer empfiehlt sogar das Mulchen mit Blättern als Winterschutz.

Auf jeden Fall verbessert der aus dem Laub entstehende Humus den Boden im Rosenbeet.

Wie sieht der ideale Winterschutz für meine Beetrosen aus? Soll ich im Herbst schon zurückschneiden?

Die Rosentriebe werden im Herbst auf eine sogenannte „Arbeitshöhe" von etwa 50 cm zurückgeschnitten, so dass man im Beet gut arbeiten kann. Soweit noch altes Laub an den Pflanzen oder am Boden ist, wird es nach Möglichkeit eingesammelt und kompostiert. Danach mit der vorhandenen Erde möglichst hoch anhäufeln. Nun noch mit einer dichten Lage Tannenreisig abdecken, die gegen Austrocknung schützt und verhindert, dass die Pflanzen allzu früh austreiben.

Im Winter hat ein Maulwurf eine Kletterrose hoch gebuddelt. Soll ich die Rose ausgraben und neu setzen oder stehen lassen?

Es gibt zwei Möglichkeiten: Die Rose mitsamt dem Maulwurfhügel zurück in die Erde treten. Natürlich vorsichtig und von allen Seiten gleichmäßig, damit keine Wurzeln reißen. Die bessere Methode: Nehmen Sie den Gartenschlauch und schlämmen Sie die Rose ein. Das Wasser wird das ganze Maulwurfsgebäude einstürzen lassen und die Rose senkt sich wieder in die Erde. Auf diese Weise werden auch die eventuell trockenliegenden Wurzeln wieder mit Erde bedeckt. Natürlich geht auch eine Kombination aus Schlämmen und Treten. Das kommt auf den Boden an. Bitte nicht vergessen: Der Maulwurfgang muss wieder verfüllt sein, damit keine Wühlmäuse auf die Idee kommen, den Gang zu benutzen. Denn diese Nager lieben junge Rosenwurzeln!

Wir ziehen in zwei Wochen um und ich würde gerne wissen, was ich mit meinen Rosen (über 10 Jahre im Beet!) tun soll, damit alle Rosen überleben.

Nach dem Ausgraben – geht mit einer Grabegabel in der Regel besser und behutsamer als mit dem Spaten – heben Sie die Rosen mit möglichst viel Erde auf einen Plastiksack oder in einen Eimer zum Transport. Möglichst schnell wieder eingraben. Der unterirdische und der oberirdische Teil sollten in etwa gleich groß sein, das heißt oben entsprechend zurückschneiden. Auch wenn man viel zurückschneiden muss, wird die Rose bestimmt wieder gut austreiben, manchmal sogar besser als vorher. Nach dem Pflanzen anhäufeln, damit nicht soviel Wasser verdunstet; die Blätter würde ich deshalb auch alle entfernen, Blüten sowieso. Eine Warnung noch: KEIN Dünger mit ins Pflanzloch und auch nicht zur ersten Wachstumsperiode düngen. Das würde das Wurzelwachstum bremsen. Erst nach der ersten Blüte düngen.

Eine im Vorjahr gepflanzte Kletterrose wächst wie verrückt, aber sie setzt keine einzige Blüte an. Woran kann das liegen?

Es dürfte sich um eine Ramblerrose handeln. (Fast) alle Ramblerrosen blühen am alten Holz. Das heißt, dass die diesjährigen Triebe die Basis für die Blüte im nächsten Jahr bilden. Wichtig: Diese Kletterose sollte die nächsten drei Jahre nicht zurückgeschnitten werden.

Kann man **ältere Kletterrosen** einfach mal **ganz unten abschneiden**, damit diese frisch wieder austreiben?

Damit der Blütenflor nicht nur in den oberen Etagen zu bewundern ist, sollten Sie Ihrer Kletterrose mit der Rosenschere zu Leibe rücken. Schneiden Sie zunächst kahles und vertrocknetes Altholz heraus. Auch das Seitenholz, das der Fachmann als Blütenholz bezeichnet, bleibt nicht ungeschoren. Schneiden Sie es ohne Gewissensbisse auf eine Länge von rund 20 cm zurück. Vergessen Sie nicht, zu dicht stehende Triebe auszulichten. Dies fördert auch die Bildung junger Bodentriebe, die zu einer echten Verjüngung der vergreisten Kletterrose beitragen. Der letzte Schritt ist das Einkürzen der vorjährigen Triebe. Damit erreichen Sie, dass zwischen dem älteren, bereits aufgekahlten Holz ebenfalls Blütentriebe entstehen.

Ich habe vor etwa sieben Jahren eine **Kletterrose** gepflanzt. Da wir umziehen, möchte ich die Pflanze mitnehmen. Ist ein Einpflanzen **in einen großen Kübel** möglich?

Grundsätzlich können Sie Kletterrosen umpflanzen. Beachten Sie dabei, dass Sie nur während der Vegetationsruhe umpflanzen, also wenn die Pflanze keine Blätter hat und somit nicht viel Wasser verdunstet. Achten Sie beim Ausgraben darauf, dass Sie mindestens 70 % des Wurzelsystems mit ausgraben. Entsprechend müssen Sie auch die oberirdischen Teile der Rose reduzieren. Ich würde in Ihrem Falle vorschlagen, die Rose auf etwa 50 cm zurückzuschneiden. Wenn die Rose lang gelassen wird, besteht ein Ungleichgewicht zwischen oberirdischen und unterirdischen Teilen, die Pflanze verdunstet im Frühling beim Austrieb mehr Wasser, als sie unten aufnehmen kann. Folge: Sie geht ein oder hat einen sehr schlechten Start!

An unseren mehrfachblühenden Strauchrosen verfärben sich ein Viertel der Blätter dieses Jahr sehr früh gelb.

Wussten Sie, dass Ihre Rosen sprechen können – und das auf eine eindringliche Art? Sie bedienen sich der Zeichensprache mit Hilfe ihrer Blätter. Sind Rosenblätter sortenuntypisch klein, dazu blass sowie hier und da rötlich gesprenkelt, dann sagt die Blume, dass ihr Stickstoff fehlt. Mit braunen und spröden Blatträndern will uns die Rose mitteilen, dass in ihrem Boden viel zu wenig Kalium vorhanden ist. Wenn das grüne Blättergewand sich ins Purpurne verändert, so heißt es, dass Phosphor fehlt. Gelbe Flecken sagen dem Rosenfreund schließlich, dass seine königliche Schönheit zu wenig Magnesium besitzt. Wir sehen, dass von uns Gärtnern eine ganze Menge „Sprachbegabung" verlangt wird! Deshalb sollten Sie sich die Blätter ihrer Rosen genau anschauen. Treten Mangelsymptome auf, werden diese mit richtigen Düngergaben behoben. Doch mit dem Dünger allein ist es nicht getan! Wir müssen – gerade in niederschlagsarmen Sommermonaten – die Rosen regelmäßig wässern, damit die Wurzeln die gelösten Nährstoffe auch aufnehmen können.

Bäume, Sträucher und Kletterpflanzen

Bis heute hat unser zehnjähriger
Blauregen erst einmal geblüht.
Was mache ich falsch?

Sie haben gärtnerisch keine Fehler gemacht und ich denke, dass die Leidenszeit bald vorüber ist. Denn aus Samen vermehrte Pflanzen blühen erst spät. Achten Sie beim Kauf auf veredelte Pflanzen. Des weiteren spielt auch die Pflanzensorte eine Rolle. *Wisteria floribunda* (der Blauregen) blüht meist erst nach zehn Jahren; die Sorte 'Issai Perfect' aber schon nach drei Jahren.

Sollte ein alter Blauregen nicht blühen, versuchen Sie einen beherzten Rückschnitt. Schonen Sie in den kommenden Jahren die neuen Triebe, dann dürfte nach zwei bis drei Jahren eine Blüte eintreten. Gegen die pflanzeneigenen Gegebenheiten, Sämlingsvermehrung, Art oder Sorte mit später Blüte, können Pflegemaßnahmen wie ein Rückschnitt natürlich nur wenig ausrichten

Ich möchte um meinen Garten gern eine Buchsbaumhecke pflanzen. Wann ist die beste Pflanzzeit, wie viele Pflanzen benötigt man pro Meter Hecke und wann sollte Buchs geschnitten werden?

Die beste Pflanzzeit für den Buchsbaum ist der Frühling oder der Spätsommer. Für eine dichte Hecke sollten Sie mit fünf bis sechs Pflanzen pro Meter Hecke rechnen. Der beste Schnittzeitpunkt ist der späte Frühling, wenn kein Frost mehr zu befürchten ist.

Muss ich die Glyzine (Blauregen) zurückschneiden?

Ich empfehle, die Glyzine nach der Pflanzung bis auf wenige Augen stark zurückzuschneiden. Nur so setzen die Pflanzen schon nach zwei bis drei Jahren Blüten an. Ohne Rückschnitt bringen sie erst nach mehreren Jahren Blüten hervor. Nach der Pflanzung wird mit feuchter, humoser Erde leicht angehäufelt, dann treiben die Augen leichter aus. Bitte Vorsicht beim Rückschnitt!

Durch falschen Rückschnitt könnten die blütenbildenden Triebe unbewusst entfernt werden. Blauregen blüht am mehrjährigen Holz. Daher beim Rückschnitt keine kosmetischen Maßnahmen an jungen oder einjährigen Trieben durchführen, sondern bei Bedarf eher auf Leittriebe bis ins mehrjährige Holz auslichten. Er verträgt zur Verjüngung auch einen starken Rückschnitt auf 40 bis 50 cm.

Wie muss der Boden für Rhododendren beschaffen sein, damit sich die Pflanzen wohl fühlen?

Rhododendren sind Moorbeetgewächse und brauchen einen sauren, humosen Boden mit einem pH-Wert zwischen 4,2 und 5,5. Der Boden sollte locker und stark wasser- und luftdurchlässig sein. Wichtig für ein gutes Gedeihen dieser schönen Gehölze ist eine gleichmäßige Feuchtigkeit im Sommer wie im Winter, da die Pflanzen, weil sie immergrün sind, auch im Winter Wasser verdunsten. Ein großer Feind der Rhododendren ist Staunässe, sie muss durch eine gute Dränage unbedingt vermieden werden.

Müssen Clematis zurückgeschnitten werden?

Normalerweise nicht. Sind jedoch in einem strengen Winter viele Triebe abgefroren, oder ist die Pflanze verkahlt, muss beschnitten werden. Gegen Verkahlung hilft Vorbeugung: gut durchlässiger, nährstoffreicher Boden, regelmäßiges Düngen mit Volldünger für Kletterpflanzen, reichliches Bewässern und ein kühler beziehungsweise schattiger Wurzelbereich. Bei guter Pflege entwickeln die Clematis auch an verkahlten Stellen wieder Blüten, und Sie können sich den Schnitt sparen.

Was muss ich beachten, wenn ich Magnolien pflanzen möchte?

Bei so kostbaren Sträuchern wie Magnolien müssen Sie unbedingt beide Hände unter den Wurzelballen legen und so die Pflanze stützen. Keinesfalls dürfen Sie das Gehölz an den Zweigen festhalten, wenn Sie es bewegen. Die Pflanzgrube sollte doppelt so tief und breit sein wie das Wurzelwerk. Ballentücher oder Drahtnetze lösen, dann die Pflanze einsetzen, gut verankern und wässern.

Wie kann man die Blühfähigkeit junger Rhododendren steigern?

Besonders bei jungen Rhododendrenpflanzen empfiehlt es sich, die verblühten Blütendolden mit der Hand vorsichtig auszubrechen (neue Knospen nicht beschädigen!). Auf diese Weise verhindert man, dass die Pflanzen Samenkapseln ausbilden und dadurch unnötig Kraft verlieren.

Welche **Blütengehölze** blühen zu Beginn des neuen Jahres und welche tragen zu dieser Zeit **Früchte?**

In den Monaten Januar und Februar blühen *Chimonanthus* in Gelb, die *Hamamelis* in Gelb oder Rot. Ab Weihnachten bis über die dunklen Monate erscheinen ihre gelben Blüten. Wenig bekannt als Winterblüher, aber sehr attraktiv ist *Sarcococca humilis* beziehungsweise *Sarcococca hockeriana* var. *humilis*, ein immergrüner buchsbaumähnlicher Zwerg mit einer Fülle weißer Blüten, die noch dazu einen intensiven Duft nach Vanille ausströmen. Ab November blüht der Duftschneeball. Die Winterkirsche blüht, wie ihr Name schon sagt, in ihrer Heimat in Japan bereits im Herbst. Bei günstiger Witterung können sich bei uns die halbgefüllten, zartrosa gefärbten Blüten schon im November öffnen, während sich die letzten Blütenbüschel manchmal bis April Zeit lassen. In den ersten beiden Monaten im Jahr trägt der Judasblattbaum rosa und Goldregen gelbe Blüten.

Ist es richtig, dass **Rhododendren** **nicht geschnitten** werden müssen?

Ja, Rhododendren brauchen grundsätzlich nicht geschnitten zu werden. Allerdings sollten die Blütenstände nach der Blüte vorsichtig herausgebrochen werden, bevor sie Samen angesetzt haben. Kahl gewordene Sträucher können bis zu den Wurzeln heruntergeschnitten werden. Dann erholt sich die Pflanze wieder und treibt neu aus. Dieser Rückschritt sollte im Herbst durchgeführt werden. Nicht vergessen: Rückgeschnittene Zweige sind frostgefährdet.

Wann ist die beste Pflanzzeit für Rhododendren?

Die beste Pflanzzeit für Rhododendren ist von Anfang März bis Mitte Mai oder von Anfang September bis Mitte November. Damit Sie bereits im ersten Jahr eine gute Blüte erwarten können, sollten Sie die Pflanzen so früh wie möglich in die Erde bringen, da somit ein schnelles Anwurzeln erzielt wird. Auf keinen Fall darf bereits bei der Pflanzung gedüngt werden. Wird der Rhododendron im Herbst gepflanzt, sollte erst im April des folgenden Jahres gedüngt werden.

Mit welchen mehrjährigen Pflanzen kann man ein Beet mit Zwerg-Rhododendren optisch auflockern?

Gute Kombinationspartner für niedrigwachsende Rhododendren sind Kiefern, Eiben, Fichten, Farne, Blütenstauden wie Schaumblüte, die zwergartige Prachtspiere und die blühfreudigen Heidekräuter Erica und Calluna. Zusätzliche Farbtupfer bringen im zeitigen Frühjahr Tulpen und Narzissen und im Sommer Lilien ins Rhododendronbeet.

Für meinen kleinen Vorgarten suche ich ein winterblühendes Gehölz. Gibt es noch andere Frühblüher? Ich suche einen Strauch mit weißer Blüte.

Der Seidelbast (*Daphne mezereum* 'Alba') oder die Silberblüten der Weiden könnten Ihnen gefallen.

Ich würde gerne Jasmin im Kübel halten. Ist das möglich?

Obwohl rund 200 verschiedene Jasmin-Arten existieren, sind nur der Chinesische Jasmin (*Jasminum mesnyi*) und der Arabische Jasmin (*Jasminum sambac*) für den Kübel im Sommer im Freien geeignet. Alle anderen Arten kann man nur im Wintergarten halten. Als Kletterpflanze braucht der Jasmin ein Gerüst, das in den Kübel gesetzt werden kann und an dem die Pflanze sich festhalten kann. Im Gegensatz zum Chinesischen Jasmin wächst der Arabische Jasmin nicht so stark und klettert schlecht. Deswegen sollte er an das Gerüst angebunden werden.

Welche Kübelpflanzen kann man zu Kronenbäumchen formen und wie geht das?

Das Wichtige an Kronenbäumchen ist, wie der Name schon sagt, natürlich die Krone. Sie sollte dicht und gleichmäßig sein. Um das zu erreichen, müssen im ersten Jahr zu lange Seitentriebe mit einer Schere oder mit den Fingernägeln abgeknipst werden. Sie verzweigen sich dann unterhalb der Schnittstelle zu vielen Seitentrieben, die im folgenden Jahr üppig blühen. Zu Hochstämmchen lassen sich formen:

Zitronenbaum, Wandelröschen, Orangenbaum, Schönmalve, Bleiwurz, Engelstrompete, Fuchsie, Granatapfel, Lorbeer, Kreppmyrte, Klebsame, Hortensie, Hibiskus und Hammerstrauch.

Wann **beginnt die Pflanzzeit** für Bäume und Sträucher?

Die Pflanzzeit beginnt für Bäume und Sträucher im September und dauert bis April. Solange der Boden nicht gefroren ist, kann auch im Winter gepflanzt werden. Containerpflanzen können das ganze Jahr über in frostfreie Erde gesetzt werden. Beim Kauf sollte darauf geachtet werden, dass Containerpflanzen gut durchgewurzelt sind. Man erkennt das beispielsweise an den Wurzeln, die aus den Abzugslöchern kommen.

Ich habe **viele Gehölze in** meinem Garten, weiß aber nicht, welche **keinen Schnitt vertragen.** Können Sie mir weiterhelfen?

Hibiskus, Hartriegel, Seidelbast, Zaubernuss und Essigbaum sollten nicht geschnitten werden. Sehr empfindlich auf Pflanzschnitt reagieren auch Eibisch, Magnolie, Lorbeerrose, Perücken- und Ranunkelstrauch und Strauchgoldregen. Keinen Erhaltungsschnitt benötigt Zier-Apfel, Zier-Kirsche und Goldregen.

Können Sie mir **Bäume** und Sträucher nennen, deren Blüten als **Bienen- Nahrung** dienen?

Gern von Bienen besucht werden zum Beispiel Feld-Ahorn, Spitz-Ahorn, Berg-Ahorn, Schwarz-Erle, Vogel-Kirsche, Trauben-Kirsche, Winter-Linde, Sommer-Linde, Buchsbaum, Besenheide, Roter Hartriegel, Seidelbast, Pfaffenhütchen, Färberginster, Gemeiner Liguster, Schlehe, Hunds-Rose, Ohr-Weide und Schneeball.

Welche Bäume oder Sträucher locken Vögel an?

Schutz und Nahrung für Singvögel bieten beispielsweise die Felsenmispel, verschiedene Ahornarten, Berberitzen. Haselnuss, Pfaffenhütchen, Sanddorn, Schlehe, Efeu, Holunder und Torfmyrte.

Wann kann ich eine dicht wachsende Hecke pflanzen und was sollte ich beachten?

Sommergrüne Hecken ohne Ballen und Container pflanzt man am besten im Oktober und November.
Bei immergrünen Laub- und Nadelgehölzen kann man die Pflanztermine Ende August oder Ende April für Pflanzen mit Ballen wählen. Für eine dicht wachsende Hecke empfiehlt es sich, einen Graben auszuheben: etwa einen Spatenstich tief und ein Spatenblatt breit. Der Grabenboden sollte mit einer Harke gelockert werden. Für den Abstand zwischen den einzelnen Pflanzen gibt es keine allgemein gültige Regel. Er ist abhängig vom jeweiligen Gehölz und vom Zweck, den die Pflanze, erfüllen soll. In der Regel rechnet man bei einer Wuchshöhe von bis zu zwei Metern drei bis vier Pflanzen pro Meter. Entsprechend mehr müssen bei kleinerbleibenden gepflanzt werden. Zuerst werden die Pflanzen in den Graben gestellt, der dann zur Hälfte mit dem Aushub aufgefüllt wird. Jetzt muss kräftig gewässert und die Grube geschlossen werden. Anschließend die Erde festtreten und noch einmal gießen. Rindenmulch über der Pflanzstelle hält die Feuchtigkeit länger im Boden.

Ich möchte eine Clematis neben ein Gehölz pflanzen. Was muss ich dabei beachten?

Wenn Sie die Clematis neben ein Gehölz pflanzen wollen, müssen Sie das Pflanzloch mindestens 60 cm vom Haupttrieb das Strauchs entfernt ausheben. Die Pflanztiefe sollte ebenso wie die Pflanzbreite 45 cm betragen. Damit die Clematis am Gehölz emporklettern kann, sollte ein Stützstab mit in die Erde gesetzt werden. An ihm werden die jungen Triebe der Clematis festgebunden.

Was sind eigentlich großblumige Clematis-Hybriden, und können Sie mir einige nennen?

Bei großblumigen Clematis-Hybriden handelt es sich um Züchtungen, die auf wilder Clematis durch Wurzelhalsveredelungen vermehrt werden. Bereits seit 1860 werden solche Züchtungen vorgenommen. Heute gibt es davon rund 500 Sorten, die etwa 2 bis 3 m hoch werden. Zu großblumigen Clematis-Hybriden zählen unter anderen: 'Gipsy Queen', 'Jackmanii', 'Lady Betty Balfour', 'Lady Northcliffe', 'Lasurstern', 'Nelly Moser', 'Vyvyan Pennell' oder 'Madam Le Coultre'.

Ich würde mir gerne einen Schneeball für den Kübel kaufen. Welche Sorte eignet sich da?

Für Kübel und Tröge eignen sich zum Beispiel der Zwerg-Schneeball, der Oster-Schneeball und der Halbimmergrüne Schneeball.

Welchen Boden brauchen Japanische Stechpalmen und mit welchen Gehölzen kann ich sie kombinieren?

Die Japanische Stechpalme (*Ilex crenata*) entwickelt sich in sandigen, lehmigen, kalkfreien Böden gut. *Ilex crenata* passt zu Buchen, Eichen, Moorbeetpflanzen, Azaleen, Rhododendren und Koniferen. Aber auch kleinere Hecken lassen sich mit *Ilex crenata* hervorragend gestalten. Die Japanische Stechpalme wirkt als Solitär, findet jedoch in Gehölzgruppen gleichermaßen Aufmerksamkeit. Damit sie den Winter gut übersteht, braucht sie während der kalten Jahreszeit geeigneten Schutz gegen Wintersonne, Frost und kalte, austrocknende Ostwinde.

Im Herbst sieht man überall Früchte an Bäumen und Sträuchern. Welche kann man denn essen?

Essbar sind zum Beispiel die Früchte von Holunder, Hagebutten, Felsenbirne, Zierbirne, Zierquitten, Weißdorn und Schlehen. Die Früchte der Mispel dürfen erst nach dem ersten Frosteinbruch genossen werden. Alle genannten Beeren dürfen nur gekocht verzehrt werden und enthalten auch dann noch viele Vitamine.

Ich möchte mir gerne ein *Skimmia japonica* zulegen. Zu welchen Pflanzen passt sie und wo fühlt sie sich wohl?

Skimmia japonica ist eine Liebhaberpflanze und eignet sich für Steingärten, als immergrünes Pflanzmotiv, aber auch fürs Moorbeet. Sie kann einzeln oder in kleinen Gruppen als optischer Schwerpunkt zwischen flache Bodendecker gepflanzt werden. *Skimmia japonica* ist beliebt für Dach- und Terrassengärten, Kübelbepflanzung oder als Unterpflanzung zu mittelgroßen Gehölzen in schattiger Lage.

Wir haben uns in diesem Jahr zu einem Tännchen im Topf entschlossen. Jetzt, nach den Feiertagen, fallen die Nadeln ab. Was soll ich tun?

Wahrscheinlich war dem Tannenbaum das Weihnachtszimmer zu warm oder Sie haben ihn zu spärlich gegossen. Jetzt sollten Sie es schleunigst auspflanzen: Gewöhnen Sie die Pflanze über mehrere Tage an kühlere Temperaturen. Wählen Sie zum Pflanzen einen milden Tag, damit Sie einen Temperaturschock vermeiden. Gießen Sie die Pflanze gut an.

Müssen immergrüne Gehölze auch im Herbst gegossen werden und gießt man denn auch, wenn es friert?

Immergrüne Pflanzen verdunsten Wasser auch im Winter. Oft herrscht gerade bei sonnigem Wetter starker Frost, so dass kein Wasser an die Wurzeln gelangt. Deshalb müssen diese Pflanzen im Herbst gut gewässert werden.

Ich habe nur wenig Platz zur Verfügung. Muss ich deswegen auf einen Baum verzichten?

Nein, natürlich nicht. Bäume sind nicht nur etwas für riesige Grundstücke. Auch für kleine Gärten gibt es einige klein- oder schmalkronige Bäume, die das vorhandene Platzangebot nicht sprengen und auch anderen Pflanzen die Möglichkeit lassen, sich zu entwickeln. Selbst im kleinsten Garten findet beispielsweise noch der Kugel-Ahorn (*Acer platanoides* 'Globosum') Platz. Auch der Rot-Dorn (*Crataegus laevigata* 'Paul's Scarlet') ist für kleine Gärten geeignet; ebenso die Steppen-kirsche (*Prunus fruticosa*). Die Ölweide (*Elaeagnus angustifolia*) erreicht einen Durchmesser zwischen 5 bis 7 m. Ebenfalls klein bleibt die Quitte, die duftende Früchte trägt.

Was sind eigentlich die Vorteile von sogenannten Containerpflanzen?

Baumschulware, die Sie im Container kaufen, sind eigentlich einfache Topfpflanzen, die unter freiem Himmel in der Baumschule gezogen werden. Dadurch, dass sie Zeit ihres Lebens in Topf kultiviert worden sind, müssen sie nie aus der Erde ausgegraben werden. Containerpflanzen können ganz einfach und bis auf Frostzeiten das ganze Jahr hindurch gepflanzt werden. Auch für die Bepflanzung von Terras-sen- und Balkonkübeln eignen sie sich bestens.

Wir haben neu gebaut und möchten nun unseren Garten anlegen. Welche Ziergehölze blühen früh, wann können wir pflanzen und was müssen wir dabei beachten?

Zu den Frühblühern gehören der gelbe Hartriegel (*Cornus mas*), Eriken in verschiedenen Farben (*Erica carnea*), gelbe und rote Sorten der Zaubernuss, der lilarosa *Rhododendron praecox*, die Scheinhasel (*Corylopsis*) und die Kätzchen-Weide (*Salix caprea*). Pflanzen können Sie, sobald der Boden nicht mehr gefroren ist. Wenn Sie bereits blühende Gehölze pflanzen – empfohlen seien hier Containerpflanzen – sollten Sie auf jeden Fall darauf achten, dass Sie die Blüten vor Frost schützen, damit das Blühvergnügen nicht allzu schnell vorbei ist.

Darf man vom blühenden Flieder einfach Zweige für die Blumenvase anschneiden oder schadet dies dem Blütengehölz?

Es schadet nicht. Durch das Schneiden von Fliederzweigen für die Blumenvase erhält der Strauch gleichzeitig den nötigen Schnitt. Ein Tor, wer bei Flieder nicht auch an wohlduftende Blumenvasen denken würde! Achten Sie jedoch beim Schneiden auf die Form des Strauches und schneiden Sie nie mehrere Zweige von einem Ast gleichzeitig ab. Zum Schnitt empfiehlt sich eine scharfe Rebschere. Und bitte: Fliederzweige für die Blumenvase nie klopfen! Das zerstört die Kapillaren der Zweige, verhindert die Wasser- und Nährstoffzufuhr, und der Flieder hält nur halb so lange in der Vase.

45

Wann schneidet man Gehölze zurück?

Diese Frage kann nicht mir einer bestimmten Jahreszeit beantwortet werden. Grundsätzlich ist ein Schnitt zu allen Jahrszeiten durchführbar. Eingebürgert hat sich jedoch der Schnitt in der Ruhephase der Pflanze, also im Winter. Im unbelaubten Zustand im Winter ist auch für den Laien am einfachsten zu erkennen, was geschnitten werden muss. Außerdem vertragen die Gehölze diesen Eingriff zu dieser Jahreszeit besser, da andere lebenswichtige Vorgänge in der Pflanze nicht oder nur vermindert geschehen. Bei Frost sollte allerdings nicht mehr geschnitten werden, da bei Kälte das Holz leicht splittert und die Unfallgefahr erhöht ist.

Ich habe in meinem Garten eine alte Buchshecke, an der ich sehr hänge. Allerdings bekommt sie zahlreiche kahle Stellen und verliert viel von ihrer ehemaligen Schönheit. Was kann ich tun, um diese Hecke noch zu retten?

Etwas Geduld brauchen Sie schon, wenn Sie sich von Ihrer liebgewonnenen Hecke nicht trennen wollen. Denn bei kahlen Stellen, die leider bei älteren Hecken des Öfteren auftreten, hilft nur ein radikaler Rückschnitt bis in das alte Holz. Danach ist es möglich, dass bis zu zwei Jahre vergehen, ehe junges Grün wieder nachgewachsen ist. Beim Schneiden sollte beachtet werden: Das Gehölz um etwa zwei Drittel zurücknehmen und die Seitentriebe bis auf wenige Augen kürzen. Im ersten Jahr nach dem Radikalschnitt nicht mehr nachschneiden. Damit die Hecke auch wirklich wieder dicht wird und ihre alte Schönheit zurückerhält, sollten allerdings im zweiten Jahr die neuen Triebe nochmals auf etwa 10 cm gekürzt werden. Abgestorbene Pflanzen können nur durch neue ersetzt werden. Es versteht sich von selbst, dass sie in Höhe und Breite der alten Hecke angepasst sein müssen.

Wann werden Blütensträucher am besten geschnitten. Im Frühjahr oder im Herbst?

Schmetterlingsstrauch, Forsythien, Goldregen, Japanische Kirschen, Weigelien, Weißdorn, Rotdorn, laubabwerfende Hortensien und Schneebälle werden im Frühjahr stark zurückgeschnitten. Nicht geschnitten werden Magnolien, Zaubernüsse und Ginster.

Ich finde die lateinischen Bezeichnungen für Koniferen so verwirrend, warum kann man ihnen keine deutschen Namen geben?

Nicht alle Arten und noch weniger alle Sorten besitzen einen Namen in der Umgangsprache. Mit dem präzisen botanischen Namen sind Verwechslungen ausgeschlossen. Zu Ihrer Erleichterung im Nadelwald habe ich im Folgenden die Gattungen der Koniferen mit ihren deutschen Bezeichnungen aufgeführt: *Abies* (Tanne), *Picea* (Fichte), *Pinus* (Kiefer, Föhre), *Thuja* (Lebensbaum), *Chamaecyparis* (Scheinzypresse), *Cupresseus* (Zypresse) und *Juniperus* (Wacholder).

Stauden und Sommerblumen

Was **versteht** man eigentlich unter dem Begriff **Stauden**?

Stauden sind krautige Pflanzen, die im Herbst über der Erde absterben, unter der Erde jedoch in Wurzelstöcken, Rhizomen, Zwiebeln, Knollen oder auch Rüben überwintern. Im nächsten Frühjahr erwachen sie dann wieder zu neuem Leben. Prachtstauden werden diejenigen Schönlinge genannt, die auch für sich alleine wirken wie zum Beispiel der Sonnenhut oder die Ligularie. Solche Solitäre heben sich vor allem durch ihre Größe, ihre Blütenpracht und durch ihre Wuchsform von den anderen Pflanzen in ihrer Nähe ab.

Welchen **Boden** bevorzugen **Stauden**?

Stauden gedeihen in jedem guten, nährstoffhaltigen und durchlässigen Gartenboden. Ist das Erdreich sehr sandig oder zu undurchlässig, kann man es durch Zusätze verbessern. So sollte sandiger Boden mit Kompost oder lehmigem Mutterboden angereichert werden. Dasselbe gilt für lehmig-tonige Erde.

Wie und wann werden Stauden vermehrt?

Die bevorzugte Vermehrungsart der Stauden ist das Teilen. So können kräftige und gesunde Pflanzen von Mai bis Juni oder von September bis Oktober geteilt werden. Als Faustregel gilt: Die beste Zeit zur Teilung ist nach der Blüte. Damit Stauden gut gedeihen ist es notwendig, Verblühtes stets zu entfernen. Nur so kann eine zweite Blüte erfolgen. Die Vermehrung durch Teilen nur an kühlen, regnerischen Tagen durchführen!

Was muss ich beim Teilen von Stauden beachten? Sind alle Stauden problemlos teilbar?

Auf jeden Fall teilbar nach der Blüte sind eine Gruppe von Stauden wie Gemswurz, Kokardenblumen, Staudensonnenblumen, Tag- und Schwertlilien, frühblühende Polsterstauden und Pfingstrosen. Keinesfalls dürfen Sie Stauden mit Pfahlwurzeln teilen, wie beispielsweise Adonisröschen, Küchenschelle, Schleierkraut oder Akelei. Bei Lupinen und Lichtnelken sind die einzelnen Triebe nicht immer bewurzelt, deswegen lassen sie sich nur schwer teilen.

Wann muss ich Blumen schneiden, um möglichst eine lange Freude an ihnen in der Vase zu haben?

Entscheidend für Haltbarkeit und Farbenpracht ist der richtige Schnitt-Zeitpunkt: Es darf weder zu spät noch zu früh geschnitten werden. Ist der Zeitpunkt zu früh gewählt, bleiben die Blüten im knospigen Zustand, bei zu später „Ernte" müssen Sie damit rechnen, dass die Blüten unansehnlich werden und auseinanderfallen. Mein Tipp: Sobald die Farbe der Blütenblätter zu erkennen ist, darf geschnitten werden. Übrigens: Zum Trocknen werden die Blumen angedrahtet und in einem luftigen, am besten dunklen Raum (dann bleibt die Farbe besser erhalten) aufgehängt.

Wie kann man mit der Blütenfarbe der Stauden seinen Garten vergrößern?

Gestalten Sie Ihren Garten bewusst mit den Blütenfarben. Die meisten Menschen haben eine oder mehrere Lieblingsfarben, die sie am liebsten tragen. So, wie uns unsere Lieblingsfarbe unbewusst stärkt, so zaubern Blütenfarben ein unvergessliches Lebensgefühl in den Garten. Wer die Wirkung der Farben zu nutzen versteht, kann mit ihnen wunderschöne Effekte erzielen.

Mit Farbe lassen sich im Garten folgende Effekte erzielen:

Weiß lässt kleine Gärten größer erscheinen, es ist ideal als Brücke zwischen zwei kräftigen Farbtönen.

Blau bringt von weitem betrachtet optische Tiefe; im heißen Sommer „kühlt" und erfrischt es.

Gelb holt die Sonne in schattige Gärten und erstrahlt unter Wolken. Blau und Weiß sind die schönsten Ergänzungsfarben. Achtung: Großflächiges „kräftiges" Gelb wirkt aufdringlich, in kleinen Tupfen eingesetzt aber wie gebündeltes Sonnenlicht!

Violett und **Purpur** sind sehr selten in unseren Gärten vertreten. Sie wirken sehr elegant. Am besten nur in kleinen Gruppen pflanzen, damit der Garten für sie eine Bühne wird.

Rot ist die Farbe der Nähe; sie braucht direkten Blickkontakt. Deshalb kommt sie am schönsten in der Nähe einer Sitzgruppe oder am Weg zur Geltung.

Rosa ist ein lichter Fleck im Blütenmeer, drückt Freude, Herzlichkeit und zarte Jugendfrische aus. Gut zu kombinieren mit Blau und Weiß.

51

Im letzten Sommer habe ich mich in das Tränende Herz verliebt. Sind diese Pflanzen empfindlich und wo kann man sie pflanzen?

Das Tränende Herz gehört wohl mit zu den schönsten Gartenpflanzen und kann im normalen Gartenboden mehr oder weniger sich selbst überlassen werden. Aufgrund ihrer „herzförmigen" Blüten überzeugt die Pflanze überall durch ihr Erscheinungsbild. Wollen Sie die Staude in einer Rabatte bewusst in Szene setzen, sollten Sie darauf achten, dass das Tränende Herz nicht zu sehr in den Vordergrund gepflanzt wird. Nach der Blüte vergilbt das Laub und wirkt nicht mehr attraktiv. Sommerstauden wie Rittersporn oder Glockenblumen können jedoch das vergilbende Laub überdecken. Das Tränende Herz wird durch Wurzelteilung oder durch Stecklinge vermehrt.

Ich möchte mir gerne einen Weichen Schildfarn kaufen. Wo fühlt er sich wohl?

Der Weiche Schildfarn *(Polystichum setiferum)* gedeiht in nährstoffreichen, humosen Böden bei hoher Luftfeuchtigkeit. Besonders schöne Sorten sind 'Plumosum Densum' (Flaumfeder-Filigranfarn) und 'Proliferum' (Schmaler Filigranfarn).

Welche Pflege braucht die Fackellilie?

Die dekorative Pflanze verlangt mäßig feuchten Boden und eine sonnige Lage. Im Winter muss sie durch eine rund 30 cm hohe Laub- oder Torfschicht geschützt werden. Dabei werden die losen Blätter zusammengebunden.

Wann muss ich mich darum kümmern, wenn ich im Sommer blühende Stauden haben möchte?

Früher gab es für Stauden zwei klassische Pflanzzeiten; den Herbst und das Frühjahr. Dank der Containerware lassen sich Stauden heute fast das ganze Jahr über – solange die Erde nicht gefroren ist – pflanzen. Stauden werden in unregelmäßigen Gruppen in die Erde gebracht. Hochwachsende Stauden kommen in den Hintergrund, niedrigbleibende werden nach vorne gepflanzt. Übrigens gedeihen Stauden auch im Kübel gut.

Ich würde gerne in mein Staudenbeet das Tränende Herz pflanzen, was passt dazu?

Das Tränende Herz (*Dicentra spectabilis*) benötigt einen schattigen Standort oder genügend Bodenfeuchte in sonnigen Lagen. Ansonsten ist die Pflanze anspruchslos und kommt mit jedem humosen Gartenboden zurecht. Zu *Dicentra spectabilis* passen zum Beispiel als kleinere Pflanzen vorne im Beet die Weißrand-Funkie (*Hosta sieboldii* 'Alba' oder 'Weihenstephan'), die Schaumblüte (*Tiarella cordifolia* 'Moorgrün'), der Lerchensporn (*Corydalis lutea*), die Herbst-Anemone (*Anemone hupehensis*) und das Kaukasus-Vergissmeinnicht (*Brunnera macrophylla*). Höhere Pflanzen im Beethintergrund wie Eisenhut (*Aconitum napellus*), Prachtspiere und Waldgeißbart (*Aruncus dioicus*) ergänzen das Arrangement.

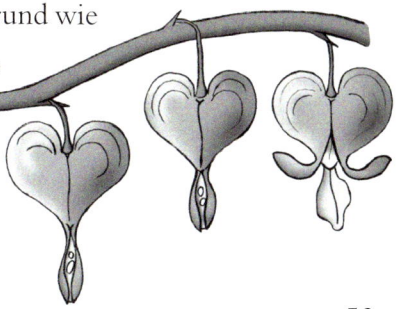

53

Wie sollen **Blumenzwiebeln** überwintert werden?

Lilien sind bis auf Ausnahmen von *Lilium formosanum* und einigen wenigen Hybriden vollkommen winterhart. Lilien sollten im Boden verbleiben, damit die Zwiebelschuppen nicht eintrocknen. Lediglich um Tochterzwiebeln, die zum Teil reichlich gebildet werden, zu entfernen, kann man die Zwiebeln nach dem Einziehen der Blätter ausgraben. Dabei kann man gleichzeitig den Standort wechseln, um Bodenmüdigkeit vorzubeugen. Ich pflanze Lilien spätestens nach zwei Jahren um. Als Erde mische ich halb Kompost und Gartenerde, die ich 5 cm stark unter den Zwiebeln verteile. Es ist ratsam, das Laub vollkommen gelb werden zu lassen, bis man es entfernt. Jedoch teile ich nicht die Meinung, diese Zwiebeln aus dem Boden herauszunehmen, um sie im Herbst neu zu pflanzen. In der Natur verbleiben die Zwiebeln ja auch im Erdreich. Außerdem verlieren die Zwiebeln an Feuchtigkeit. Manche Arten, beispielsweise Märzenbecher oder Schneeglöckchen, dürfen auf keinen Fall herausgenommen werden, da es vielfach zu Ausfällen führen kann. Darum werden auch seltener Blumenzwiebeln von diesen Arten angeboten.

Falls Sie die Zwiebeln herausnehmen möchten, warten Sie, bis das Laub gelb ist und die Nährstoffe eingezogen sind. Etwa Ende April können Sie die Zwiebeln aus der Erde nehmen. Lassen Sie die Zwiebeln einige Tage trocknen und entfernen Erdreste und Wurzeln. Die Zwiebeln sollten kühl und trocken gelagert werden. In eine Kiste in Sand einschlagen und in regelmäßigen Abständen auf Schädlingsbefall und faulende Zwiebeln kontrollieren. Diese müssen sofort entfernt werden.

Im September/Oktober kann man die Zwiebeln wieder ins Beet setzen.

Ähnlich können Sie mit Lilien verfahren. Lilienzwiebeln werden meist im Frühling angeboten und können gesetzt werden, sobald der Boden offen ist. Sie blühen je nach Sorte von Mai bis September.

Der Vorteil des Herausnehmens bei Frühlingsblühern ist der, dass Platz für eine Sommerbepflanzung geschaffen wird. Aber an einem Ort, an dem sie nicht stören, würde ich die Zwiebeln auch in der Erde lassen.

Wie kann ich meine Pfingstrosen bei Regen vor dem Umknicken schützen?

Wie wäre es mit einem Regenschirm für Pfingstrosen? Denn so robust Pfingstrosen erscheinen mögen, Regen vertragen sie alle nicht. Blätter und Blüten hängen nach einem Schauer wie nasse Waschlappen am Stängel. Sorgen Sie dafür, dass Ihre Pfingstrosen bei Regen einen Unterschlupf bekommen. Vorausschauende Gärtner haben die Pfingstrosen unter dem lichten Laubdach von Bäumen oder höher wachsenden Sträuchern gepflanzt. Wer dies nicht gemacht hat, der steckt vier Bambusstöckchen in direkter Nähe der Pfingstrosen in die Erde, so dass er bei Regen nur noch eine Plastikfolie darüberlegen muss. Wenn Sie zwei dieser Stäbchen kürzer machen, wird das gespannte Kunststoffdach schräg und das Regenwasser kann ablaufen.

Ich finde Mohn im Garten sehr schön. Ist er eigentlich empfindlich und welche Sorten gibt es?

Für den Garten eignet sich vor allem *Papaver orientale*, der Türkenmohn, der größer wird als der wilde Klatschmohn. Die Blütezeit erstreckt sich je nach Sorte von Ende Mai bis Juli. Die Pflanze benötigt viel Sonne und nährstoffreichen Boden. Weil die einzelne Blüte nicht lange hält, empfiehlt es sich, die entstehenden Lücken beispielsweise durch daneben gepflanzte Salvien oder Rittersporne zu verdecken. *Papaver orientale* gibt es in vielen Rottönen, von Lachsrosa bis leuchtend Rot. 'Aglaja' (lachsrosa), 'Ali Baba' (rot), 'Feuerriese' (ziegelrot), 'Karine' (hellrosa-rot), 'Suleika' (bläulichrot) und 'Marcus Perry' (orange-scharlach) sind Beispiele. Farblich aus dem Rahmen fällt die 'Graue Witwe' mit ihrer weiß-lilafarbenen Blüte.

Wie überwintert man am besten Hängegeranien?

Schneiden Sie die Pflanzen auf etwa 10 bis 15 cm zurück. Dann werden sie am besten an einem hellen, kühleren Platz aufgestellt. Gut wäre ein Standort in einem nicht beheizten Treppenhaus, bei 5 bis 10 °C. Sehr wichtig ist, die Geranien relativ trocken zu halten. Sehr wenig gießen, aber auch nicht austrocknen lassen. Ist die Erde ständig feucht und nass, bekommen Geranien gerne Grauschimmelfäule (Botrytis).

Bei beginnendem Frühling die Pflanzen wieder wärmer stellen, etwa bei 15 °C. Sie beginnen dann wieder auszutreiben, nach den Eisheiligen können sie wieder auf den Balkon oder die Terrasse ins Freie.

Welches Umfeld benötigen Farne und zu welchen Pflanzen passen sie?

Farne sind ihrer Herkunft nach Waldbewohner und benötigen feuchten, humusreichen Boden und schattige Plätze. Besonders wohl fühlen sich Farne unter einem Dach von Laubbäumen. Nach der Pflanzung verschafft eine Mulchdecke aus Laub und kleinen Holzabfällen den Farnen heimatliche Atmosphäre. Farne kommen in Nachbarschaft mit schattenliebenden Bodendeckern wie Haselwurz, Elfenblumen oder Buschwindröschen zur Geltung. Attraktiv wirkt eine Ecke im lichten Schatten mit verschiedenen Funkien. Als Sonnenschutz bieten sich Bäume wie Zier-Ahorne und Zier-Äpfel an. Bei der Auswahl der Bäume sollte darauf geachtet werden, dass keine Sorten mit stark nach unten hängenden Zweigen gewählt werden. Unter ihnen haben Farne wenig Chancen. Ebenfalls gut mit Farnen vertragen sich Waldgräser, Fingerhut, Silberkerze, Funkien, Rhododendren, Rodgersia und Ligularia. Sie alle stellen ungefähr die gleichen Ansprüche an den Boden und Standort wie Farne.

Welche Gräser zeichnen sich durch andere Blattfarben als Grün aus?

Bläulich schimmern Schillergras, Blaustrahlhafer, Blauschwingel, Regenbogenschwingel und das Silberkopfgras. Gelbbunt präsentieren sich der Goldfuchsschwanz und das Goldleisten-Bandgras. Eine rötliche Färbung zeigen die Fuchsrote Segge, das Chinaschilf und die Zierhirse. Weißbunt sind das Knäuelgras, Süßgras und Honiggras. Bei vielen Arten gibt es auch Sorten mit weißen oder gelbgestreiften oder geringelten Blättern und Halmen.

Wie kann ich meine
Stauden vermehren?

Im September ist die optimale Zeit, durch Teilung den Bestand an buschigen Stauden wie Rittersportnen, Prachtscharten, Edelgarben, Astern oder Rudbeckien zu vergrößern. Die Ausführung ist denkbar einfach: Nach der Blüte werden die Stauden zurückgeschnitten und ausgegraben. Anschließend die Wurzelballen vorsichtig mit der Hand oder einer Grabegabel in mehrere Stücke zerlegen. Dabei ist darauf zu achten, dass die Teilstücke genügend Wurzeln haben. Diese Staudenteile können an den für sie vorgesehenen Stellen wieder eingepflanzt werden.

Ich würde gerne einen Heidegarten
anlegen. Welche Pflanzen passen
zu den verschiedenen Heidearten?

Als Begleitpflanzen für einen Heidegarten eignen sich aufrecht wachsende Gehölze, ihre Zwergformen oder andere niedrig wachsende Pflanzen. Ein Naturgarten wirkt besonders naturnah, wenn er durch Pflanzen wie Ziergräser, Blauschwingelgras, Bärenfellgras, Zittergräser, Lampenputzergras, Riesenpfeifengras oder Federgras ergänzt wird. Passende Gehölze sind zum Beispiel die Zwergformen der Zypresse wie Muschelzypresse oder Fadenzypresse, aber auch Zwergformen von Fichte, Tanne oder Kiefer. Möglich sind aber auch Zwerg-Ahorn, Zaubernuss und Zwerg-Birke. Als blühende Ergänzung kommen Stauden und Zwiebelblumen wie Krokusse, Lavendel, Anemonen und Narzissen in Frage, aber auch Zwerg-Rhododendren, Ginster, *Skimmia japonica* und Japanische Azaleen.

Wie kann ich das Umknicken meiner hohen Stauden verhindern?

Das Motto lautet: So richtig nett wird's mit Korsett. Zwei Natureinflüsse wollen das Blütenfeuerwerk unserer Blumen stoppen: Regen und Wind. Besonders hochgewachsene Blütenschönheiten leiden darunter. Binden Sie deshalb die stärkeren Blütentriebe der Blumen an dünne Bambusstäbchen. Wichtig ist, dass Sie diese Stützen stets an die windabgewandte Seite stecken. Wo das Stützen einzelner Triebe nicht ausreicht, stecken Sie Bambusstäbe kreisförmig um die Stauden. Sie sollten im Abstand von etwa 10 cm in den Boden gesteckt werden und knapp staudenhoch sein. Diese Stäbe verbinden Sie dann rundum mit Schnur oder Draht. Die „kniefälligen" Stauden bekommen so ein strammes Korsett, das ihnen wieder festen Stand verleiht.

Wie überwintere ich Kapkörpchen?

Kapastern oder Kapkörbchen (*Osteospermum*) sollten während der Überwinterung viel Licht erhalten. Der Boden sollte nicht ganz austrocknen. Gedüngt werden sollte im Winterquartier nicht, da die Pflanzen sonst zu stark treiben. Die Temperatur sollte nicht über 18 °C und nicht unter 10 °C liegen. Man kann auch gut Stecklinge von Osteospermum nehmen. Cirka 5 bis 10 cm lange Kopfstecklinge bewurzeln unter gespannter Luft (Gefrierbeutel über den Topf stülpen) in etwa vier bis sechs Wochen.

Wie kann ich meine Stauden vor den ersten Frösten schützen, damit die Blüten länger erhalten bleiben?

Um die Vollherbstblüte der Stauden auch noch nach den ersten Nachtfrösten genießen zu können, empfiehlt es sich, die Pflanzen vor diesen Nächten mit Vlies abzudecken. Die besonders durch Frühfröste gefährdeten Stauden wie Japan-Anemone, Bleiwurz, Herbst-Margeriten und Garten-Chrysanthemen danken dies mit einer verlängerten Blütezeit. Sofern Sie die Fruchtstände nicht als winterliche Zierde stehen lassen wollen, scheiden Sie die verblühten Stauden bis zum Boden zurück. An sich sind alle bei uns angebotenen Stauden winterhart, doch sollte man, vor allem um die frisch gepflanzten und empfindlicheren, eine Laubdecke ausbreiten oder sie durch Fichtenreisig schützen. Wichtig ist, darauf zu achten, dass das Herz der Pflanzen frei bleibt. Für die schadlose Überwinterung ist es auch wichtig, dass der Winterschutz nicht zu früh angebracht und im Frühjahr zeitig entfernt wird. Sonst verweichlichen die Stauden, und es kann zu Fäulnis kommen.

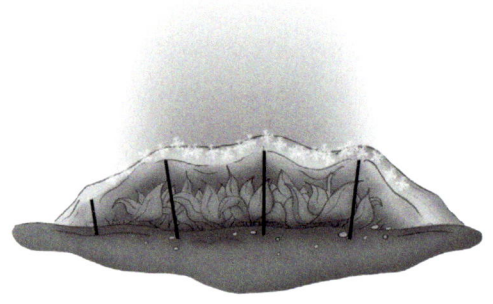

Was sind die optimalen Bodenverhältnisse für Pfingstrosen und welche Gehölze könnte ich dazu pflanzen?

Pfingstrosen schätzen warme, sonnige und geschützte Standorte, vorzugsweise vor einer Mauer. Der Boden sollte nahrhaft, leicht sauer, humos und unbedingt durchlässig sein, da die Pflanze ohne weiteres 50 Jahre und mehr am gleichen Platz gedeiht. Als Beetnachbar zu Pfingstrosen passt Flieder.

Ich möchte Balkonkästen oder Kübel mit Gräsern bepflanzen. Welche eignen sich?

Damit die Gräser auch im Balkonkasten gedeihen, ist es wichtig, dass sie nicht zu hoch werden. Ansonsten besteht die Gefahr, dass sie der Wind umknickt. Niedrig bleibende Gräser, die sich im Kasten wohl fühlen, sind Bärenfellgras, Blauschwingel, Blaustrahlhafer und die Japansegge. Chinaschilf und der Gartenbambus werden zu hoch. Sie sollten in einen großen Kübel gepflanzt werden.

Soll man vor dem Pflanzen von Stauden alles auf Papier einzeichnen?

Wer seine Gartenflächen mit Stauden bepflanzen will, der sollte vorher eine Skizze im Maßstab 1:10 zeichnen. Bei einer solchen Planung sind nicht nur die Ansprüche der einzelnen Arten an Sonne oder Schatten und an den Boden zu berücksichtigen, sondern auch die Blühzeiten, Wuchshöhen und Farben.

Ich möchte in meinem Garten Stauden pflanzen, weiß aber nicht, was ich dabei beachten muss.

Die meisten Stauden sind pflegeleicht und kommen mit normalem Gartenboden zurecht. Natürlich muss man die Lichtbedürfnisse der einzelnen Arten und Sorten berücksichtigen. Kombinieren Sie Stauden, die einen ähnlichen Standort bevorzugen und die gleiche Blütezeit haben. Achten Sie auf die Harmonie der Blütenfarben und setzen Sie hohe Stauden eher in den Beethintergrund, halbhohe in der Mitte und niedere nach vorne.

Meine Geranien haben an der Unterseite der Blätter hellbraune Punkte und Flecken. Die Flecken werden dann immer größer und schließlich ist das ganze Blatt befallen.

Das ist Geranienrost, eine Pilzerkrankung. Auf der Blattoberseite werden rundliche gelbe Aufhellungen sichtbar und auf der Unterseite zeigen sich ein paar Tage später kreisförmige, dunkelbraune Sporenlager.

Die Blätter werden gelb, trocknen ein und fallen vorzeitig ab. Aus den Pusteln unterhalb des Blattes, werden die Sporen durch den Wind weiter verbreitet. Zur Keimung wird Wasser benötigt; hält man die Geranienblätter trocken, kann man eine weitere Ausbreitung verhindern und den Befall eindämmen. Befallene Blätter muss man entfernen und künftig die Pflanzen trockener halten. Es gibt auch verschiedene Fungizide, die gegen Geranienrost eingesetzt werden können.

Dieses Jahr habe ich zum ersten Mal versucht, meine Geranien zu überwintern. Am Stängelgrund zeigt sich nun ein weißgrauer Belag.

Geranien sollten in einem kühlen Raum überwintern, der auch dunkel sein kann. Ihre Geranien leiden wahrscheinlich an einem Schimmelpilz. Dieser entsteht bei zu nasser Erde und führt zum Tod der Pflanze.

Geranien möchten im Winter eher trocken stehen, sonst verfaulen die Wurzeln oder es bilden sich unnütze Geiltriebe.

Meine Tulpen schieben schon das zweite Jahr nur grüne Blätter und blühen nicht. Was kann ich machen?

Das kann mehrere Gründe haben. Zum einen darf man die Blätter der Tulpen nicht abschneiden, bevor sie gelb und eingezogen sind. Die Nährstoffe in den Blättern werden in der Zwiebel gelagert für die nächste Blüte. Sollte es daran nicht liegen, kann es auch sein, dass Dünger fehlt. Bringen Sie Dünger aus, solange die Tulpen blühen, damit nach der Blüte genügend Nährstoffe eingelagert werden können.

Außerdem mögen Tulpen einen durchlässigen Gartenboden und keine Staunässe. Vor und während der Blüte darf es ruhig feucht und regnerisch sein, nach der Blüte eher trocken.

Die Zwiebel, aus der die Blüte gewachsen ist, vergeht. Aus ihr bildet sich eine Ersatzzwiebel und Tochterzwiebeln – bei einer Sorte mehr, bei der anderen weniger. Dieser Vorgang wird erstens durch genügend Nährstoffe und zweitens durch trockenen Boden gefördert.

Wasser
im Garten

Ich habe einen Teich, der viele Stunden am Tag in der Sonne liegt. Ist das ein geeigneter Platz für die Sumpfschwertlilie?

Ja, wenn das Wasser nicht zu tief ist. Die Sumpfschwertlilie gedeiht in allen feuchten bis nassen Böden bis zu einer Wassertiefe von 20 cm. Sie benötigt volle Sonne, gedeiht aber auch im Halbschatten.

In unserem Garten gibt es einen kleinen Tümpel. Für den Teichrand fehlt mir noch ein Gehölz. Können Sie mir einen Tipp geben?

Geeignete Gehölze für den Teichrand findet man bei den Fächer-Ahornen. Diese kleinen Bäume erreichen eine Höhe von höchstens 3 m und bieten vielfältige Laubfärbungen. Sie fühlen sich in dem leicht sauren, feuchten Boden am Teichrand besonders wohl. Kleiner bleiben Schlitz-Ahorn und Zwerg-Birke. Letztere wächst strauchartig und wird 1,5 m hoch.

Wir wollen uns einen Teich im Garten bauen. Was ist besser, ein Fertigmodell oder Folienteich?

Lieben Sie die strengen Formen, dann können Sie zwischen unterschiedlich großen und geformten Fertigteich-Modellen aus hochwertigem, glasfaserverstärktem Kunststoff auswählen. Doch wer lockere, natürliche Formen bevorzugt und sich nicht einschränken lassen möchte, der sollte sich für den Folienteich entscheiden.

Ist der **Einsatz** von **Pflanzkörben** **sinnvoll** oder behindern diese das Wachstum?

Pflanzkörbe sind sinnvoll. Sie verhindern, dass die Teichpflanzen unerwünscht wuchern.

Ich möchte gerne einen **Miniteich** auf dem Balkon anlegen. Wie geht das und **welche Pflanzen** eignen sich?

Auf dem Balkon können Sie sich, je nach vorhandenem Platzangebot, für einen Mörteleimer aus Kunststoff entscheiden, den Sie beispielsweise mit Holz verkleiden könnten oder für einen ganz normalen 80 cm langen Kunststoffkasten. Wenn Sie einen Balkonkasten wählen, müssen die Bewässerungslöcher natürlich geschlossen sein. Füllen Sie den Kasten mit Teicherde, die von der Mitte her ausgeschüttet wird. Als Bepflanzung eignen sich Flatterbinse, Schwanenblume, Sumpfdotterblume, Zwerg-Rohrkolben, einige Kalmus-Arten und das Breitblättrige Wollgras. Ebenfalls mit wenig Wassertiefe kommen Spiralbinse und Gelbe Scheincalla zurecht. Das Wasser wird erst nach dem Einpflanzen eingefüllt, vorsichtig vom Rand aus, damit die Erde nicht aufgewirbelt wird. Während des Sommers muss man immer wieder Wasser nachfüllen und welke Blätter abzupfen.

Was ist der beste beziehungsweise richtige Platz im Garten für den Teich?

Beginnen Sie das „Abenteuer" Teichbau mit der Suche nach dem Standort. Wer häufig und in Muße einen Teich genießen möchte, sollte ihn in der Nähe der Terrasse platzieren. Zu berücksichtigen ist auch, dass der Teich mindestens sechs bis acht Stunden täglich Sonnenschein haben sollte. Als Schattenspender eignen sich Bäume hervorragend, vorausgesetzt sie stehen nicht zu dicht am Teich. Denn dann macht der herbstliche Blattfall einen höheren Pflegeaufwand notwendig.

Ist die kurze Blütezeit meiner Seerosen normal oder sind die Pflanzen krank?

Wie viele andere Pflanzen blühen auch Seerosen nur ein paar Tage – mit der Pflanze an sich wird alles in Ordnung sein.

Von wo aus wird die Höhendifferenz bei einem Bachlauf berechnet?

Die Höhendifferenz bei einem Bachlauf wird vom Wasserspiegel des Auffangbeckens bis zum oberen Quellpunkt gemessen.

Sollten die Goldfische im Teich oder im Keller überwintern?

Wenn der Teich weniger als 1 m tief ist, empfehle ich die Überwinterung in einem möglichst großen Behältnis. Die Temperatur des Wassers sollte dabei zwischen 4 und 8 °C liegen.

Wie bepflanze ich die
unterschiedlichen Zonen
am und um den Teich?

Die Lebensbereiche an einem Teich unterscheiden sich vor allem durch Feuchtigkeitsgehalt oder Wasserstand und somit auch durch die Bepflanzung:

Uferrand Die Pflanzen haben noch keinen direkten Kontakt zum Wasser. Es eignen sich Stauden wie Günsel, Geißblatt, Wasserdost, Alant und die Dreimasterblume. Des weiteren Gräser wie Pfahlrohr, Pampasgras, Rutenhirse, Federborstengras, Bambus und Farne wie der Königsfarn.

Uferzone Der wechselfeuchte Wasserstand schränkt die Bepflanzung deutlich ein. Es eignen sich Stauden wie Sumpfgarbe, Sumpfdotterblume, Sibirische Wiesen-Iris, Gauklerblume oder das Blutauge sowie Gräser und Farne wie Seggen, Wollgras und der Sumpffarn.

Sumpfzone Die Pflanzen in diesem Bereich stehen bis zu 20 cm im Wasser. Es eignen sich Stauden wie Sumpf-Calla, Sumpf-Schwertlilie, Bach-Minze, Fieberklee, Zungen-Hahnenfuß und Gräser wie Seggen, Zypergras (muss frostfrei überwintern), Binsen, Zwerg-Rohrkolben oder Sumpf-Schachtelhalm (kann wuchern).

Flachwasserzone Die Triebe, Blätter und Blüten in dieser Zone erheben sich noch über den Wasserspiegel, trotz einer Wassertiefe von bis zu 50 cm. Es eignen sich Stauden wie Froschlöffel, Blumenbinse, Tannenwedel,

Goldkeule, Hechtkraut, Pfeilkraut und Gräser wie die Teich-
simse und der Rohrkolben.

Seerosenzone Für jede Wassertiefe zwischen 60 und 150 cm
gibt es die passende „Königin" – die Seerose.

Schwimmblattpflanzen Als Schwimmblattpflanzen empfehle
ich wurzelnde Pflanzen wie Wasserähre, Seekanne, Wasserknöte-
rich, Laichkraut und freischwimmende Pflanzen wie Froschbiss,
Wasserhyazinthe (frostfrei überwintern), Wasserlinse und die
Wassernuss.

Seit wir Goldfische im Teich haben, treten Algen auf. Woran kann das liegen?

Fast in jedem Teich sind Algen zu finden. Überprüfen Sie
den Besatz Ihrer Goldfische – denn eines steht fest: Fischlose
Teiche werden am wenigsten von Algen heimgesucht! Nicht
gefressenes Futter, Fischausscheidungen und so weiter sorgen
für ungewollte Nährstoffzufuhr und lassen Algen besonders
gut wachsen. Deshalb müssen auch eingewehte Blätter stets
herausgefischt werden.

Wie kann man sich vor vermehrtem Algenbefall schützen oder diesen bekämpfen?

Starke Veralgung kann viele Ursachen haben. Zum Beispiel ein
zu hohes Nährstoffangebot durch Überfütterung oder durch
herabsinkendes Laub. Als weitere Ursachen kommen ungüns-
tige Wasserwerte, ein ungünstiger Teichstandort (zu viel Sonne)
oder ein Überbesatz mit Fischen in Betracht.

Was kann ich natürlich tun, um Algen loszuwerden?

Lassen Sie Pflanzen und Tiere zum Einsatz kommen, die das Wasser stets sauber und klar halten. Das sind Schwimm- und Unterwasserpflanzen wie Wasserfeder, Tannenwedel und Krebsschere. Sie nehmen die Nährstoffe aus dem Wasser auf und verhindern somit die Bildung von Algen. Denken Sie zudem an Binsen, Rohrkolben und Simsen, die ihre Arbeit sogar in großen Klärwerken erledigen. Die effektivsten Algenvernichter sind Schnecken und Muscheln, wie zum Beispiel Posthornschnecke und Spitzschlammschnecke. Maler- oder Teichmuscheln filtern bis zu 600 Liter Wasser an einem Tag!

Ich habe gehört, dass man täglich kaltes Wasser in den Teich einlaufen lassen soll, damit die Fische weniger fressen. Stimmt das?

Fische sind wechselwarme Bewohner in Gartenteichen. Bei höheren Wassertemperaturen sind sie besonders hungrig. Trotzdem gilt: mit Augenmaß füttern! Innerhalb von zwei bis drei Minuten sollte das Futter aufgefressen sein. Nicht verwertetes Futter beeinträchtigt nämlich die Wasserqualität, genau wie die Ausscheidungen der Fische. Also bitte regelmäßig den Besatz kontrollieren – Fische kennen kein Zölibat und vermehren sich unter Umständen schnell.

Pflanzzeit ist im Mai

Setzen Sie Teichpflanzen nicht vor dem Monat Mai und nicht zu dicht! Für die Sumpfzone sollten Sie nicht mehr als vier bis fünf Pflanzen pro Quadratmeter einsetzen. Uferzone und Uferrand sind mit sechs bis sieben Pflanzen pro Quadratmeter reichlich besetzt. Bei Unterwasserpflanzen verteilen Sie bitte nicht mehr als zwei bis drei Pflanzen pro Quadratmeter Wasserfläche.

In diesem Sommer haben wir Fadenalgen im Teich. Die letzten Jahre hingegen gab es keine Probleme. Woran könnte diese Entwicklung liegen?

Fadenalgen sind ausgesprochen hartnäckig im Gartenteich, da diese Algen von Filtersystemen praktisch nicht erfasst werden können. Das Wachstum der Fadenalgen hängt von zwei Faktoren ab: Hohe Lichtintensität und Erwärmung des Wassers.  Wenn das Wachstum von Fadenalgen besonders stark zunimmt, kann es empfehlenswert sein, dem Gartenteich ein spezielles Antifadenalgenmittel zuzusetzen. Das Mittel wirkt dem Oberflächenwachstum von Fadenalgen entgegen und verbessert gleichzeitig mit Enzymen, Spurenelementen und lebenden Mikroorganismen die Wasserqualität.

Die Wirkung von solchen Präparaten gegen Fadenalgen im Gartenteich ist umso besser, je intensiver für eine gleichzeitig gute Sauerstoffversorgung im Wasser gesorgt wird. Das kann durch Wasserbewegung mit Hilfe eines Sprudlers oder einer Fontäne ebenso erfolgen wie auch durch den Anschluss eines Teichbelüfters. Er führt dem Teichwasser über Sprudelsteine permanent Luft (und damit Sauerstoff) von außen zu.

Wir haben nur einen kleinen Reihenhausgarten. Ein Gartenteich scheidet aus Platz- und Sicherheitsgründen (wir haben kleine Kinder) aus. Gibt es eine Alternative?

Auch im kleinsten Garten ist Platz für einen schönen Bachlauf. Besonders einfach ist die Anlage mit individuell kombinierbaren Fertigelementen. Mit natürlicher Sandbeschichtung fügen sie sich in jede Umgebung dekorativ ein.

Nur 42 bis 55 cm breit sind diese neuen Bachlauf-Fertigelemente. Sie passen problemlos überall hin: Vor die Terrasse, zwischen Blumenrabatten und den Rasen oder entlang der Sträucher. Mit der natürlichen Sandbeschichtung fügen sich die Fertigelemente in jede Umgebung dekorativ ein. Länge und Verlauf des Bachlaufbetts können individuell gewählt werden.

Zur schönen Formgebung des Bachlaufs gibt es verschiedene, jeweils 75 cm lange Elemente. In beliebiger Reihenfolge und Anzahl können sie kombiniert werden: gerade oder in Rechts- und Linkskurven. Stufenelemente bilden Kaskaden und wirken als Filterelemente zur mechanischen und biologischen Reinigung des Bachlaufwassers. Den Abschluss bildet das Endstück. Darunter befindet sich das Wasserreservoir und eine Pumpe in einem eingegrabenen Maurerkübel. Mit der Pumpe wird ein unterirdischer Schlauch verbunden, der zur Quelle des Bachlaufs führt.

Alle Bachlauf-Fertigelemente lassen sich einfach und absolut wasserdicht miteinander verbinden und ebenso leicht wieder trennen. Man kann den Bachlauf deshalb jederzeit verändern und umgestalten.

Das Wasser fließt und plätschert am schönsten, wenn der Bachlauf ein Gefälle von etwa 1 bis 2 % hat. Das bedeutet auf 1 m Bachlauflänge ein Höhenunterschied von 1 bis 2 cm. Wichtig ist auch die Wassermenge im Bachlauf. 3 bis 4 cm hoch sollte das Wasser mindestens stehen. Der Wasserstand im Bachlauf wiederum hängt auch von der Pumpenleistung ab.

Was ist bei der Bepflanzung von Teichen zu beachten?

Der beste Pflanzzeitpunkt ist das Frühjahr ab März. Für eine natürlich wirkende Bepflanzung empfiehlt sich die Schaffung unterschiedlich tief gelegener Pflanzenzonen.

Es gelten folgende Richtwerte:

- ❀ Sumpfzone (Feuchtzone): 0 bis 10 cm
- ❀ Flachwasserzone: 20 bis 50 cm
- ❀ Tiefwasserzone (Wasserzone): tiefer als 50 cm

Die Faustregel für die richtige Pflanzenmenge lautet: etwa ein Drittel der gesamten Teichoberfläche sollte bepflanzt sein, um einem Nährstoff-Überschuss vorzubeugen.

Als Pflanzhilfen empfehlen sich Pflanzkörbe oder Pflanzmatten. Die Pflanzzeit für Teichpflanzen beginnt im Mai und endet im September.

Welche Unterwasserpflanzen empfehlen sich speziell bei Koibesatz?

Böse Zungen behaupten Koi sind teuer genug, da reicht das Geld nicht mehr für Pflanzen. Doch tatsächlich ist jede Investition für Unterwasserpflanzen in einem Koibecken vergeudetes Geld, denn die Pflanzen werden schnell ausgerissen oder gefressen.

Welche Unterwasserpflanzen empfehlen sich für den Gartenteich?

Als Unterwasserpflanzen beziehungsweise schwimmende Pflanzen sind zum Beispiel Froschbiss, Hornkraut und Krebsschere zu empfehlen oder auch Wasserlebermoos, Laichkraut und Tausendblatt.

Empfiehlt es sich, das Eis zur Belüftung aufzuschlagen?

Auf keinen Fall! Die Fische könnten durch entstehende Schallwellen aufgeschreckt werden und sich in Panik verletzen. Außerdem steigt durch den plötzlichen Stress der Sauerstoffverbrauch der Fische an.

Was eignet sich als optimaler Bodengrund beziehungsweise als geeignetes Pflanzsubstrat?

Als Bodengrund oder Pflanzsubstrat eignen sich sowohl Kies als auch Sand. Bei der Entscheidung ist zu beachten, dass sich zwischen Kieseln schnell Schlamm festsetzt, was die Reinigung erschwert. Da hilft dann nur ein Schlammsauger.

Welche Kiessorten sind als Bodengrund zu empfehlen?

Zu empfehlen sind zum Beispiel Sandsteinkies, Rheinkies oder ähnliches Silikatgestein. Von Kalkstein wie Marmorkies ist eher abzuraten. Der Bodengrund muss nicht komplett mit Kies bedeckt sein; mit der Zeit bildet sich von allein eine Schicht aus Teichsedimenten.

Können die eingesetzten Steine wasserschädigende Stoffe absondern?

Sandstein ist eher unbedenklich, da der Stein (aus Silikat und Quarz) keine wasserbeeinträchtigenden Stoffe abgeben kann. Bei Steinen aus der Gruppe der Kalksteine (zum Beispiel auch Marmor) ist Vorsicht geboten. Aus ihnen lösen sich Kalzium und Magnesium, welche die Wasserhärte beeinflussen und verändern können.

Vertragen sich Seerosen und andere Schwimmblattpflanzen mit dekorativen Wasserspielen?

Die Königin des Wassers, die Seerose, mag eines ganz besonders nicht: Spritzwasser. Deshalb muss der Teich eine Größe besitzen, dass Wasserspiele und Springbrunnen entsprechend weit voneinander entfernt platziert werden können.

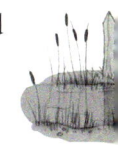

Was ist beim Pflanzen von Seerosen zu beachten?

Beim Pflanzen sollte die auf dem Pflanzzettel angegebene Wassertiefe eingehalten werden. Etwas Spezial-Dünger (bei Fischbesatz nicht überdosieren!) fördert das gesunde Wachstum. Desweiteren sollte der Pflanzplatz Sonneneinstrahlung zulassen und kein Spritzwasser von Wasserspielen auf die Blätter gelangen können.

Wie kann man möglichst günstig den pH-Wert des Teiches senken/regulieren?

Einer der Gründe für einen zu hohen pH-Wert kann das Austreiben von Kohlensäure durch intensive Belüftung und Wasserspiele sein. Eine Minimierung der Wassermenge, die einen Wasserfall passiert, und eine Neuanordnung der Pumpen, hilft manchmal schon.

Ebenfalls pH-Wert erhöhend wirken alle Arten von Beton- und Kalksandsteinen. Ein Auswechseln könnte zur Regulierung beitragen. Noch ein Tipp: Gartenteichtorf hilft, überhöhte pH-Werte zu senken.

Wie kann man seine Unterwasserpflanzen sicher über den Winter bringen?

Der heimische Froschbiss muss im Wasser bleiben, um sich weiter vermehren zu können.

Die meisten anderen schwimmenden Pflanzen (Wasserhyazinthe, Wassersalat oder tropische Schwimmfarne) sollten abgeschöpft werden, damit sie keine Biomasse in den Teich einbringen.

Die Stiele der Ufer- und Sumpfpflanzen sollten erst im Frühjahr abgeschnitten werden. Im Winter erfüllen sie eine Art „Kaminfunktion" und sorgen für das Entweichen von Faulgasen. Außerdem bilden sich an ihrem Rand oft eisfreie Zonen, an denen Sauerstoff in den Teich gelangen kann.

Wie hoch darf eine Fontäne sein?

Eine Fontäne sollte nicht höher sein als der Radius des Teichs.

Was ist beim Thema
Kindersicherungen zu beachten?

Alle Gartenteiche müssen kindersicher sein! Ein Grundstückseigentümer muss sein Grundstück so absichern, dass andere Personen hierdurch nicht zu Schaden kommen können (Verkehrssicherungspflicht). Verletzt wird diese Verkehrssicherungspflicht wenn der Grundstückseigentümer seinen Gartenteich nicht so absichert, dass insbesondere fremde, ortsunkundige Kinder in diesen hineinfallen können. Eine sichtbare Abgrenzung des Grundstücks reicht also nicht aus – es muss eine sogenannte physische Abgrenzung erfolgen, die Kinder vor dem ungehinderten Betreten schützt.

Allgemein sollte man bei der Anlage des Teichs auf einen möglichst flachen Uferzugang achten, der ein plötzliches Hineinfallen verhindert. Der Teichbesitzer ist verpflichtet, Sicherheitsvorkehrungen in einer – Vorsicht, Juristendeutsch! – ihm zumutbaren Weise zu tätigen.

Als Sicherungsmaßnahmen kommen sowohl Maschendrahteinzäunungen wie Fangnetze über dem Teich als auch unter der Wasseroberfläche montierte Stahlgitter in Betracht.

Welche Faktoren sollte man bei der Wahl der Teichumgebung beachten?

Zunächst einmal sollte der Teich nicht ganztägig der prallen Sonneneinstrahlung ausgesetzt sein. Dies fördert im Sommer übermäßiges Algenwachstum. Eine Bepflanzung um den Teich herum ist also empfehlenswert. Optimal ist ein Standort, der den halben Tag in der Sonne und die andere Hälfte im Schatten liegt.

Bei Fischbesatz sollte die Wassertiefe mindestens 80 cm, besser 1 m, betragen. Beim Verhältnis von Wasserfläche zu Tiefe ist ein Böschungswinkel von etwa 30 % zu beachten. Legen Sie die Böschung terrassenförmig an und sehen Sie Standflächen für Pflanzkörbe vor. Des weiteren sollte darauf geachtet werden, dass Falllaub nicht direkt in den Teich gelangen kann.

Welche Pumpe passt zu welchem Teich?

Die Wahl der richtigen Pumpe und des entsprechenden Zubehörs ist von vielen Faktoren abhängig – aber nicht von der Teichgröße! Vielmehr stellt sich die Frage: Wofür soll die Pumpe genutzt werden?

❀ für einen Bachlauf?
❀ zur Betreibung eines Filters?
❀ für einen Fontänenaufsatz?

Wie berechnet man den Teichinhalt?

Zuerst einmal muss das Grobvolumen bestimmt werden. Hier verwendet man ganz einfach die Formel L x B x H (Länge mal Breite mal Höhe).

Je nach Anteil der Flachwasserzonen zieht man dann etwa ein Drittel bis die Hälfe ab.

Als Ergebnis erhält man einen alltagstauglichen Wert, um zum Beispiel die notwendige Pumpe oder den optimalen Filter auswählen zu können.

Kann in Pflanzkörbe für Wasserpflanzen auch normale Pflanzerde für Landpflanzen eingesetzt werden?

Besser nicht! Normale Pflanzerde enthält zuviel Dünger. Um Düngerbelastung ganz zu vermeiden, empfiehlt sich der Einsatz von Kies oder Sand als Pflanzsubstrat.

Eine weitere nährstoffarme Alternative ist reiner, magerer Lehm.

Obstgarten

Wann schneidet man Johannis- und Stachelbeersträucher?

Sichern Sie sich im Herbst eine beerenstarke Ernte für das kommende Jahr! Winterschnitt an Beerensträuchern kann auch bei Frost (bis −5 °C) fortgesetzt werden, denn die Beerensträucher treiben früher aus als andere Obstgehölze. Gleichzeitig entfernt man Stellen mit Rotpustelpilz und dürre Triebe.

Rote und Weiße Johannisbeersträucher tragen hauptsächlich am zwei- bis dreijährigen Holz. Alle Äste, die älter als vier Jahre sind (man erkennt sie am dunklen Holz), werden tief am Boden abgeschnitten. Denn diese bringen nur wenige und kleine Früchte. Jedes Jahr lässt man einige kräftige Jungtriebe nachwachsen, die restlichen Jungtriebe werden ebenfalls weggeschnitten. Insgesamt sollte der Strauch nicht mehr als acht bis zwölf kräftige Triebe behalten.

Schwarze Johannisbeersträucher tragen nur am einjährigen Holz. Deshalb ist es wichtig, jedes Jahr den Strauch zu verjüngen. Abgetragene Ruten sollten Sie dicht über dem Boden abschneiden. Lassen Sie einige kräftige Jungtriebe nachwachsen. Insgesamt sollte ein solcher Busch ebenfalls nicht mehr als acht bis zehn Hauptäste haben.

Wie verjüngt man Beerensträucher?

Geringer werdende Ernten und vertrocknendes Fruchtholz sind Anzeichen, dass eine Verjüngung nötig wird. Zuerst schneidet man die schwarzen, vergreisten Triebe bis zum Erdboden zurück. Im Idealfall besteht der Strauch zu je einem Drittel aus ein-, zwei- und dreijährigen Trieben.

Unsere Johannisbeeren haben einen Teil der Blüten und kleine grüne Beerchen abgeworfen. Woran liegt das?

Das Verrieseln bei allen Arten des Beerenobstes ist kein Anzeichen einer Krankheit. Wenn Blüten oder Jungfrüchte abfallen, so können mehrere Faktoren beteiligt sein:

- ✿ Spätfrost oder anhaltend nasskalte Witterung zur Blütezeit.
- ✿ Ungenügende Befruchtung während einer langen Regenperiode.
- ✿ Zu viele und überalterte Triebe im Busch.
- ✿ Schwerer, verdichteter Boden mit hohem Grundwasserstand.

Kann man Erdbeeren selbst vermehren?

Man nimmt nur Ausläuferpflanzen von vorher markierten, guten Trägern. Meist sind sie etwas schwachwüchsiger als die von mastigen, blühfaulen Mutterpflanzen, den so genannten Faulenzern. In den Erdbeerreihen finden sich aber auch Sämlingspflanzen aus vorjährigen Fruchtresten. Sie sind als Pflanzgut unbrauchbar.

Mehr als drei Jahre sollten Erdbeeren nicht auf demselben Beet bleiben. Nach dem Entblättern (mit der Heckenschere), spätestens bis zum 20. Juli, wird gedüngt und gewässert. Kurze Zeit danach erfolgt ein Neuaustrieb, der sorgfältig auf Blattläuse zu kontrollieren ist. Auszüge von Knoblauch oder Zwiebelschalen helfen gegen auftretende Milben und gegen Mehltau.

Immer wieder werden unsere Erdbeeren und Trauben am Haus von Amseln aufgepickt. Was können wir tun?

Amseln können an Erdbeeren beträchtlichen Schaden anrichten. Sie bleiben aber fern, wenn man eine ausgediente CD – die Musikrichtung spielt keine Rolle – dicht über das Beet hängt. Möglicherweise wirkt hier nicht nur die Bewegung der CD bei leichtem Wind, sondern auch die Lichtblitze und das „Auge" in der Mitte.

Unsere Äpfel- und Birnbäume verlieren kurz nach der Blüte ihre kleinen Früchte. Woran kann das liegen?

Fruchtfall nach der Blüte hängt unter anderem auch mit dem Ernährungszustand zusammen. Bei Nährstoffmangel wird der Baum durch das Fruchten weitaus mehr beansprucht und erschöpft sich daher schneller als ein solcher, dem nach der Blüte ausreichend Nährstoffe und (bei Trockenheit) Wasser zur Verfügung stehen. Mehrmaliges Schütteln bewirkt eine Reinigung, bei der die unbefruchteten und befallenen Früchte abfallen.

Woher kommen die **Gespinste** an Bäumen und Sträuchern in unserem Garten?

Oft sind ganze Äste mit den Gespinsten der Gespinstmotte überzogen. Im Schutz dieser Gewebe fressen die Raupen der Gespinstmotte zunächst an den jungen Knospen, aber dann auch an den Blättern. Vorbeugend hilft gute Rindenpflege, nach Möglichkeit und bei noch geringem Befall sollte man die mit Gespinsten bedeckten Äste ausschneiden und vernichten. Bei starkem Befall helfen nützlingsschonende Bacillus-Thuringiensis-Präparate.

Seit Jahren haben unsere **Zwetschen** ihre Form verloren – die Früchte sind flach und ungenießbar. Woran liegt das?

Ein Pilz verursacht die sogenannte Narren- oder Taschenkrankheit. Vornehmlich werden Hauszwetschen, aber auch Pflaumen befallen. Bei Ausbruch der Krankheit muss man sofort alle befallenen Früchte absammeln und vernichten. Erkrankte Zweige ebenfalls entfernen und vernichten. Im Herbst keine Fruchtmumien auf dem Boden liegenlassen! Ansonsten gilt: Kurz vor Beginn der Blüte, aber auch am Anfang und am Ende der Blüte gründlich und nach Vorschrift spritzen.

Wie muss ich Apfelbäume schneiden, damit sie gut tragen, ich sie aber nicht „verstümmle"?

Halten Sie sich an den Grundsatz: Lieber etwas zuviel als viel zu wenig! Schneiden Sie zunächst alle kranken, dürren und zu dicht stehenden Zweige heraus. Auch die nach innen wachsenden oder sich kreuzenden Äste dürfen – ohne mit der Wimper zu zucken – entfernt werden. Denn nur in locker aufgebauten Kronen kann das Sonnenlicht auch zu den unteren Knospenpartien gelangen und somit das Wachstum der Triebe, Blätter und Früchte fördern. Es hat wenig Sinn, nur an den schwachen Trieben herumzuschneiden. Gehen Sie also nicht zimperlich ans Werk – Sie müssen auch zur Säge greifen! Eine alte Gärtnerregel sagt: Nach dem Auslichten der Obstbäume muss der Baum so licht sein, dass man einen Hut durch die Krone werfen kann, ohne dass er hängen bleibt! Der Erfolg dieser Arbeit lässt sich sehen: Die Qualität, also Größe und Färbung der Früchte, wird besser und der Baum wird widerstandsfähiger gegen Krankheiten.

Wir haben den Garten unserer Eltern in diesem Jahr übernommen und stellen fest, dass alle Obstbäume stark vermoost sind. Sind sie krank?

Moos an Obstbäumen wurde früher als ein Mangelzeichen angesehen. Heute weiß man, dass dies so nicht stimmt, denn das Moos besiedelt nur an feuchten Stellen die Rinde und wächst auf der toten Borke. Man kann es, wenn es optisch stört, mit einer Drahtbürste entfernen.

Warum treten bei unseren Obstbäumen immer wieder Wasserschosser auf?

Wasserschosse sind in vielen Fällen unbeliebt, doch weisen sie oft auf Kulturfehler hin, wie Überdüngung, zu starken Schnitt oder den Verlust zu großer Baumteile bei einer Verjüngungsmaßnahme. Vorläufig sind sie aber noch wichtige Abnahmestellen für den nachdrängenden Saft. Werden sie alle entfernt, kann es passieren, dass die Rinde infolge des nun verstärkten Saftdruckes aufreißt – der Baum „erstickt".

Wir haben seit zwei Jahren Johannisbeeren auf dem Balkon, aber sie wollen einfach nicht blühen. Was kann ich tun?

Ist der Topf für den Beerenstrauch groß genug? Das Pflanzgefäß Ihrer Johannisbeeren sollte wenigstens 40 cm Durchmesser besitzen. Optimal sind helle Kunststoffkübel. Wenn möglich keine schwarzen, sonst erhitzen sich die Wurzeln bei voller Sonneneinstrahlung zu stark. Als Erde sollte man Pflanzerde mit einem Tonanteil verwenden. Auf Dränage achten. Düngen sollte man (kein Blaukorn!) im Frühjahr, etwa Anfang März. Der Standort sollte nicht unbedingt auf der Südseite sein. Optimal wäre ein halbschattiges Plätzchen.

Platzverweis für Ableger

Die Erdbeerpflanze bildet üblicherweise viele Ableger. Damit die Pflanze auch im kommenden Jahr ihre ganze Kraft in die Fruchtbildung setzen kann, müssen Ableger entfernt werden.

Ein Teil unser Brombeerfrüchte bleibt rot und unreif. Die anderen schmecken trotz scheinbarer Reife sauer. Was ist der Grund?

Den Genuss Ihrer Beeren verhindert die Brombeer-Gallmilbe. Zwischen den einzelnen Perlen der Beeren saugen etwa 100 bis 250 Exemplare der rund 0,15 mm kleinen Gallmilben. In Rindenrissen, Knospenschuppen oder Fruchtmumien haben sie überwintert. Mit dem Austrieb besiedeln sie Ruten, Blüten und ganze Früchte.

Sie wird bekämpft mit denselben Produkten, die gegen Blattläuse wirken, sobald die jungen Triebe etwa 20 cm lang sind. Drei Spritzungen im sieben- bis zehntägigen Abstand reichen normalerweise aus. Eine Bekämpfung ist nur während der Wanderung der Schädlinge möglich – also von März bis Mai. Befallene Früchte sollten entfernt und vernichtet werden. Bitte nicht auf den Kompost werfen!

Die Blätter unseres Pfirsichs schrumpeln in sich zusammen. Handelt es sich um die Kräuselkrankheit?

Die Kräuselkrankheit wird durch einen Pilz verursacht. Zunächst erkranken die Blätter, später dann aber auch die Früchte. Für den Haus- und Kleingartenbereich ist kein Präparat zur Spritzung zugelassen. Mein Tipp: Sobald ein Befall sichtbar wird, einen Rückschnitt bis ins gesunde Holz durchführen. Bei Neupflanzungen resistente beziehungsweise weniger empfindliche Sorten bevorzugen.

Seit Jahren haben wir dasselbe Problem: Junge Früchte von Äpfeln und Birnen fallen in unreifem Zustand ab. Zudem fressen sich im Innern der reifen Früchte hässliche weiße Raupen mit braunem Kopf satt.

Der Apfelwickler lässt grüßen! Diese kleinen Falter treten ab Mitte Mai in Erscheinung. Sie sind die erste Generation. Nach der Befruchtung legen die Weibchen ihre Eier an den Früchten ab. Nach einigen Tagen schlüpfen die jungen Räupchen, die sich in das Fruchtinnere einbohren. Die Folge: Unreife Früchte fallen vom Baum.

Ab Anfang Juni etwa beginnen die Falter der zweiten Generation ihre Eier abzulegen. Zeitliche Überschneidungen mit der ersten Generation sind möglich. Larven der zweiten Generation schädigen die schon reifen Früchte und machen sie ungenießbar, da die Bohrgänge verkotet werden.

Die beste Bekämpfung gelingt mit der Obstmaden-Falle. Dieses „Mini-Zelt" wird in den Obstbaum gehängt. Mit der Pheromon-(Sexuallockstoff)-Falle werden die Männchen des Apfelwicklers angelockt. Sie bleiben auf dem Leim kleben, so dass sie sich

nicht mit den Weibchen paaren können. Die Weibchen legen dann nur unbefruchtete Eier, aus denen sich keine Räupchen entwickeln. Diese Obstmaden-Falle wird von Mitte Mai (in klimatisch günstigen Gebieten zwei bis vier Wochen früher) bis Anfang August in Kopfhöhe in der

Nähe des Apfelbaumes aufgehängt. Eine Falle reicht für drei in unmittelbarer Nähe stehende Bäume aus.

Die Fallen werden Anfang September entfernt und für die nächstjährige Anwendung (Gelbtafeln und Pheromonstoff gibt's zum Nachrüsten!) aufbewahrt.

Wie kann ich die Ausbreitung von Feuerbrand vermeiden?

Der Feuerbrand wird beim Winterschnitt nicht durch Werkzeuge auf andere Bäume übertragen, sondern erst bei höheren Temperaturen. Brandherde der Überwinterungsform sind erkennbar an scharf umgrenzten, eingesunkene Stellen in der zerstörten Rinde. Das Holz darunter ist durch den Bakterienbefall deutlich verfärbt. Bei Verdacht auf Feuerbrand sollte ein Fachmann hinzugezogen werden. Kleinere Befallsstellen schneidet man weiträumig aus.

Wir wollen Erdbeeren anpflanzen. Was müssen wir dabei beachten?

Das Herz der Erdbeerpflanze muss über der Erdoberfläche liegen! Bei der Pflanzung sollten Sie darauf achten, dass die Erdbeerpflanzen zunächst mit ihrem Topfballen ins Wasser getaucht werden, um ein sicheres Anwachsen zu garantieren. Dann heben Sie das Pflanzloch so groß aus, dass die Wurzeln sich problemlos nach unten und zur Seite frei ausbreiten können. Die Herzknospe (am Blattstielansatz) muss leicht aus dem Boden herausschauen. Der Reihenabstand sollte etwa 70 cm betragen; zwischen den einzelnen Pflanzen einer Reihe lassen Sie einen Abstand von etwa 30 cm.

Wie werden Obstbäume geschnitten?

Es gilt die grundsätzliche Regel, dass alle nach innen wachsenden ebenso wie die sich kreuzenden Zweige herausgeschnitten werden sollten. Jeweils über einem nach außen zeigenden „Auge" schneiden. Die Schnitte müssen sauber, das heißt glatt, durchgeführt werden, sonst kann es zu Wundinfektionen kommen. Außerdem werden alle sichtbar kranken sowie dürre oder zu dünne Zweige entfernt. Solche Schnittmaßnahmen können bereits im Februar durchgeführt werden.

Meine Tochter behauptet, dass man auch im Balkonkasten Erdbeeren heranziehen kann, die sogar süß schmecken sollen. Stimmt das?

Tatsächlich müssen es nicht immer Petunien, Geranien oder Fleißige Lieschen sein, die in Balkonkästen den sommerlichen Balkon und die Terrasse schmücken. Die angesagten Trendpflanzen sind tatsächlich öftertragende Erdbeeren. Diese so genannten Monatserdbeeren blühen schön und hängen bis zum Herbst voller wohlschmeckender Früchte. Für den Naschgarten auf Balkon und Terrasse sind Blumentöpfe, Balkonkästen, Ampeln und Terrakotta-Gefäße mit seitlich ausgestellten Pflanzerkern geeignet.

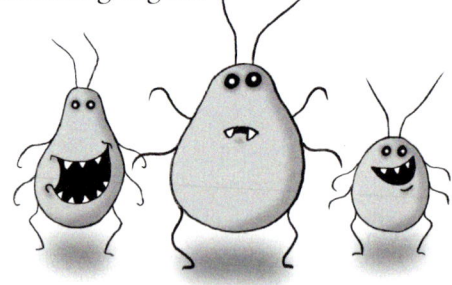

Seit Wochen beobachte ich, dass meine Johannisbeeren voller Blattläuse sind. Ende Februar habe ich dem Boden Kompost und Hornspäne hinzugefügt.

Eines steht fest: Je zügiger eine Pflanze wächst und Neutriebe bildet, desto interessanter wird sie natürlich auch für die Läuse, die die zarten Triebe lieben. Sie haben mit den Hornspänen viel Stickstoff gegeben und das Wachstum stark angeregt. In Zukunft etwas zurückhaltender düngen und vielleicht die Düngung auf zwei Gaben (einmal im März, einmal im Mai) verteilen.

Zu welchem Zeitpunkt schneidet man Erdbeeren zurück?

Das Laub von Erdbeeren sollte abgeschnitten werden, da blüh-hemmende Stoffe in Wurzeln eingelagert werden. Dadurch kann in der nachfolgenden Saison die Ernte geringer ausfallen. Der Schnitt kann mit einer Heckenschere durchgeführt werden. Sogenannte Erdbeerwiesen, wie sie gelegentlich angeboten werden, kann man auch getrost mit dem Rasenmäher abmähen. Doch sollte der Mäher nicht zu tief eingestellt werden, da sonst das Herz der Pflanze geschädigt wird. Das Laub kann direkt nach der Ernte abgeschnitten werden. Trotz alledem sollten Erdbeeren nicht zu lange auf einem Beet wachsen.

Spätestens nach drei Jahren ist das Pflanzmaterial verbraucht, die Früchte werden meist kleiner und die Pflanzen anfälliger für Pilzkrankheiten. Wenn dies der Fall ist, sollte man den Standort wechseln, und im Juli oder August neue Pflanzen setzen.

Ich habe vor zwei Jahren frische Heidelbeeren gepflanzt – und diese wachsen einfach nicht richtig. Bis jetzt haben sie keine neuen Triebe von der Basis aus gebildet.

Ich vermute, dass die Heidelbeeren nicht auf sauren Boden stehen. Kulturheidelbeeren benötigen vor allem humosen, luftdurchlässigen, sauren Boden (pH-Wert 3,5 bis 4,5). Falls die Heidelbeerblätter schon im Sommer eine starke Rotfärbung zeigen und auch wenig Neutriebe entstehen, deutet dies eventuell auf einen zu hohen pH-Wert hin.

Mein Tipp: Pflanzen Sie Ihre Heidelbeeren in Rhododendronerde und grenzen Sie sie mit einer Folie von dem nicht so sauren Boden ab. Dann wachsen und tragen sie prächtig. Noch ein Wort zur Folie: Benutzen Sie eine normale, dichte und eher dicke Plastikfolie. An der tiefsten Stelle werden einige Löcher hineingestoßen, so dass das Wasser abfließen kann und keine Staunässe entsteht. Am besten bringt man auf dem Boden der Folie über den Löchern noch eine Schicht Steine oder Kies ein, um die Durchlässigkeit zu gewährleisten.

Wie werden Heidelbeersträucher gepflegt und im Herbst geschnitten?

Ein Rückschnitt erzeugt auch bei den Heidelbeeren mehr Wachstum. Bei älteren Stöcken oder auch bei stehengebliebenen, „verhockten" jüngeren Pflanzen sollten jedes Jahr ein bis zwei Triebe bodeneben weggeschnitten werden. Bei optimalen Wachstumsbedingungen reagiert die Pflanze darauf mit der Bildung neuer Bodentriebe.

Bei unserem Stachelbeerhochstamm ist ein Großteil der Ernte ungenießbar, da sich bei den meisten Früchten kurz vor der Reife weiße Stellen bilden. Was tun – spritzen?

Es handelt sich um typische Symptome des Amerikanischen Stachelbeermehltaus. Falls es sich um eine moderne tolerante Sorte handelt ('Invicta', 'Redeva', 'Crispa rot', 'Crispa grün' u.a.), die grundsätzlich schon widerstandsfähig sind, macht es Sinn, es mit ein bis zwei Spritzungen zu versuchen.

Falls es sich um eine alte Sorte handelt, die keinerlei Toleranz aufweist und extrem anfällig ist ('Rote Triumph', 'Maiherzog', 'Achilles', 'Lady Delamere'), würde ich diese gegen eine tolerante Sorte austauschen.

Bei toleranten Sorten (am besten sind 'Captivator', 'Easycrisp'- Sorten) kommen Sie teilweise ohne Pflanzenschutz durch oder können ihn auf ein bis zwei Einsätze beschränken.

Welche Raupen fressen den Birnbaum kahl?

Die Raupen des Kleinen Frostspanners sorgen im Frühjahr nicht nur an Birnen, sondern an nahezu allen Obst- und Ziergehölzen für große Schäden. Die Tiere fressen Blätter, Blüten und Früchte ab. Das flugunfähige Spannerweibchen kann man durch leimbeschichtete Fanggürtel (im Gartenfachhandel) am Emporkriechen des Stammes hindern. Ansonsten hilft gegen Eier beziehungsweise Larven eine Austriebsspritzung mit Weißöl, kurz nachdem die Knospen aufgebrochen sind. Gegen die Raupen hat sich Spritzen mit Pyrethrumpräparaten bewährt.

Seit Jahren wird uns die Freude an unseren Kirschen durch kleine Maden vermiest. Was sollen wir tun?

Die immer wieder auftretenden Kirschmaden sind die Larven der Kirschfruchtfliegen. Diese Fliegen legen bis zu 200 Eier, meist einzeln, an die halbreifen, gelben Kirschen ab. Nach etwa einer Woche schlüpfen daraus die Maden und bohren sich in die Kirschen ein.

Mit so genannten Kirschfruchtfliegen-Fallen können die Fliegen abgefangen werden. In Form und Farbe optimiert, zieht die Falle in Verbindung mit dem bewährten Lockstoff die Fliegen magisch an, sie bleiben auf dem Leim kleben. Erfahrungsgemäß wird ein ausreichender Erfolg erzielt, wenn je nach Baumgröße mehrere Fallen aufgehängt werden. Faustregel: Eine Falle pro Meter Baumhöhe. Die Fallen sollten gleichmäßig verteilt in allen Seiten des Baumes aufgehängt werden, wenn die Kirschen beginnen, gelb zu werden.

Je nach Lage und Witterung ist das ab Mitte Mai bis Ende Juni von Nöten. Die Fallen sollten so platziert werden, dass sie nahe am Ast hängen und nicht von Blättern verdeckt werden. Eventuell einige Blätter in der Nähe der Falle entfernen. Erfahrungsgemäß fangen die im oberen Drittel der Baumkrone aufgehängten Fallen die meisten Schädlinge.

Mein Tipp: Werden genügend Fallen rechtzeitig aufgehängt, so kann man auf den Einsatz eines Insektizides verzichten. Ergänzend sollten die Kirschen immer rechtzeitig und vollständig abgeerntet sowie herabfallende Früchte aufgelesen und vernichtet werden.

Trotz Düngergaben bleiben unsere Erdbeeren jedes Jahr klein und hässlich. Was tun?

Gerade bei Erdbeeren müssen Hobbygärtner beweisen, dass sie ein Händchen für das Gärtnern haben: Die „Roten" brauchen, um die richtige Größe und damit auch ein gutes Aroma zu bekommen, die richtige Dosierung beim Gießen. Fehlt es ihnen am feuchten Nass, bleiben sie klein, geschmacklos und unansehnlich. Vorsicht: Bei zuviel Flüssigkeit wird die Frucht zwar groß, schmeckt dafür aber wässrig.

Gleichzeitig mit dem Fruchtwachstum bilden sich auch die kräftezehrenden Ausläufer. Sie sind laufend abzuschneiden (nicht reißen!), sofern sie nicht von markierten Mutterpflanzen kommen und damit der weiteren Vermehrung dienen.

Mein Nachbar meint, dass Erdbeerpflanzen alle zwei Jahre erneuert werden müssen. Unsere Erdbeeren sind nun im dritten Jahr und schmecken noch gut!

Eigentlich hat Ihr Nachbar Recht! Für Erdbeeren gilt: K.O. nach der zweiten Runde. Im Sommer beziehungsweise Herbst gepflanzte Erdbeerjungpflanzen tragen im Folgejahr die größten und schönsten Früchte. Im zweiten Erntejahr wird die Pflanze zwar etwas größer, allerdings nimmt die Fruchtgröße bereits ab. In den weiteren Jahren verstärkt sich die Abbau-Tendenz, zudem nimmt die Fäulnisanfälligkeit aufgrund der großen Blattmasse ständig zu. Deshalb: Nach dem zweiten Standjahr sollten Erdbeerpflanzen ersetzt werden.

Erdbeer-Paradies auf Balkonien.

Lassen Sie sich die Erdbeeren in den Mund wachsen! Für den Genuss sorgen Hängeerdbeeren und Erdbeerbäumchen. Hängeerdbeeren gedeihen bei richtiger Pflege und Düngung in Kübeln, Ampeln oder Balkonkästen. Sie brauchen nur einen ausreichend großen Topf (mindestens 3,5 Liter bei drei Pflanzen). Erdbeerbäumchen zeichnen sich durch eine starke Ausläuferbildung aus, die mit Rankhilfen wie einem Spalier eine Höhe von 150 cm erreichen. Da die Ausläufer nicht von alleine klettern, müssen Sie sie sorgsam anbinden. Achten Sie darauf, dass die zarten Jungpflänzchen nicht geknickt werden, denn sie sollen ja Blüten und Früchte bilden. Wem das Anbinden am Spalier zu mühsam ist, pflanzt sie einfach in größere Ampeln – die Ranken wachsen dann nach unten.

Woher kommen die Flecken auf den Birnenblättern?

Auf den Blattunterseiten sieht man zusätzlich rötliche Pusteln, die ein Gittermuster zeigen. Das sind deutliche Zeichen dafür, dass der Birnbaum vom Gitterrost, einer Pilzkrankheit, befallen ist. Mit Sicherheit stehen in ziemlicher Nähe der erkrankten Birne Wacholderbäume. Sie sind nämlich im Winter Wirtspflanzen des Pilzes. Nach Möglichkeit sollten die Wacholderbäume entfernt werden.

An unseren **Pflaumen** befinden sich **Bohrlöcher** mit einem „Gummitröpfchen". Was kann das sein?

Diese Symptome weisen auf die Fraßtätigkeit der rötlichen Raupen des Pflaumenwicklers im Inneren der Frucht hin. Zudem sind das Bohrloch und Fraßgänge mit dunklem Kot verschmutzt. Damit die Raupen erst gar nicht entstehen können, müssen Sie das Liebesleben der „Eltern" stören – mit einer Falle. Pflaumenmaden-Fallen sind Pheromon-(Sexuallockstoff-)Fallen, mit denen die Männchen des Pflaumenwicklers angelockt und auf der Leimtafel abgefangen werden. Somit findet keine Paarung statt und aus den Eiern schlüpfen keine Raupen. Die Falle wird von Mitte Mai (in klimatisch günstigen Gebieten zwei bis vier Wochen früher) bis zur Ernte in die Nähe des Baums gehängt. Eine Falle bietet Schutz für etwa drei in direkter Umgebung stehende Bäume. Nach etwa sechs Wochen sollte ein Austausch der Leimböden und Pheromonkapseln durch ein Pflaumenmaden-Falle-Nachrüst-Set erfolgen.

Weshalb **streicht** man die **Rinde** von Obstbäumen **weiß**?

Der Anstrich der Obstbäume mit einer Kalkbrühe (Kalkmilch) im November soll vor allen Dingen eine Erwärmung der Rinde durch die Wintersonne verhindern. Der Schutzanstrich soll dafür sorgen, dass sich die Rinde am Tag nicht stark erwärmt und in der Nacht dem Frost ausgesetzt ist. Bevor man die Kalkbrühe spritzt oder streicht, sollte man aber die Obstbaumrinde sorgfältig von loser Borke befreien. Dabei werden gleichzeitig auch in der Rinde verborgene Schädlinge entfernt.

Die meisten unserer Erdbeeren sind mit einem grau-weißen Belag überzogen und faulen.

Die Erdbeeren sind von einer leider häufig auftretenden Pilzkrankheit, dem Grauschimmel, auch Botrytis genannt, befallen. Besonders bei feuchter Witterung verbreitet sich dieser Schadpilz sehr rasch.

Mein Tipp: Stroh macht rote Früchte froh! Nach der Blüte wollen Erdbeeren einen trockenen Fuß haben. Legen Sie deshalb Stroh oder Holzwolle unter die Beeren und um die Pflanze herum. Das hält die Erdbeeren trocken, schützt sie vor Fäulnis (insbesondere vor Grauschimmel) und verhindert das starke Austrocknen des Bodens. Außerdem bleiben die Früchte sauber und Sie müssen zudem Ihre Ernte nicht mit gefräßigen Schnecken teilen.

Warum welken die Knospen an unserem Apfelbaum?

An Apfel-, aber auch an Birnbäumen und Quitten schädigt der Apfelblütenstecher die Blütenknospen. Der Käfer, der gerne in der Baumrinde überwintert, beginnt ab Februar mit seinem üblen Werk. Die Schadinsekten bohren mit ihrem Rüssel die Blütenknospen an und fressen sie auf. Später legen die Weibchen ihre Eier in die aufgebrochenen Knospen. Daraufhin fressen die geschlüpften Larven Staubbeutel, Stempel und auch die Blütenblätter. Vorbeugend hilft gute Rindenpflege, damit der Käfer keinen Unterschlupf findet. Trockene Knospen entfernen. Außerdem können Sie Wellpappegürtel als Fallen um die Bäume legen und am frühen Morgen die Schädlinge daraus ablesen.

Kiwis im Garten – worauf ist zu achten?

Kiwis sind meist zweihäusig – also gibt es Männchen und Weibchen. Für Kiwi-Früchte brauchen wir somit ein „gemischtes Team". Kiwis sind Schlinger und brauchen ein Spalier, eine Hauswand oder Pergola zum Hochziehen. Wichtig: Kiwis brauchen saure Erde und einen Rückschnitt im Februar!

In welchem Zeitraum sollte man Obstbäume zurückschneiden?

Je früher der Schnitt, desto stärker der Trieb, ist ein alter Merksatz der Gärtner. Von November bis Anfang März können ältere, zu dicht gewordene Obstbäume ausgelichtet werden. Voraussetzung ist, dass die Temperatur nicht unter 0 °C liegt. Ist es kälter, bricht bei stärkeren Ästen und Zweigen das Holz auf und bietet so Krankheitserregern eine ideale Angriffsfläche. Am besten warten Sie auf einen sonnigen, frostfreien Tag. Jüngere Bäume (bis zum 5. Standjahr) schneidet man frühestens gegen Ende Februar, noch später die starkwüchsigen Arten und Sorten, von denen in den nächsten beiden Jahren noch kein Ertrag zu erwarten ist.

Wie dünge ich meine Erdbeeren optimal?

Erdbeeren sind ein verfressenes Völkchen, das besonders gerne Komposterde liebt. Arbeiten Sie deshalb bereits im zeitigen Frühjahr eine ordentliche Portion des „Gärtner-Goldes" in die Erde ein. Zusätzlich sollte bei der Pflanzung ein organischer Langzeitdünger beigemischt werden. Auch im April, kurz vor der Blüte, darf nochmals gedüngt werden.

Gemüsegarten

Kann man im Februar die niedergedrückten Reste der Gründüngung in die Erde einarbeiten?

Normalerweise wird die Gründung im „grünen Zustand" – also noch im Spätherbst – in die Erde eingearbeitet, da ein Saatbeet nach dem Winter nicht mehr tief bearbeitet wird. Ist der Boden im Februar schon etwas abgetrocknet, kann man den Boden noch „sanft" bearbeiten und die letztjährige Gründüngung abharken.

Die morschen Reste werden kompostiert oder nur flach in die Krume eingearbeitet. Denn die Kapillarröhrchen im Boden (sie versorgen Samen und Jungpflanzen mit Feuchtigkeit) dürfen nicht zerstört werden. Daher lockern wir mit dem Kultivator nur die obersten 3 bis 5 cm der Bodenkruste und ziehen die Gründüngungsreste vorsichtig hinein. Zum Schluss sollte das Beet eingeebnet werden.

Woran liegt es, dass die Kartoffelpflanzen welken?

Wahrscheinlich sind die Kartoffeln von den Larven der Drahtwürmer befallen. Die gefräßigen Schädlinge befallen auch Sellerie, Karotten oder Zwiebeln. Vorbeugend hilft eine gute, tiefgründige. Als Bekämpfung gegen die Larven hat sich das Eingraben von halbierten Kartoffeln bewährt. Die Drahtwürmer fressen sich dann hinein und können leicht abgesammelt werden.

Der erwachsene Käfer ist übrigens wenig schädlich, da er sich praktisch nur von abgestorbenen Pflanzenteilen ernährt und sich nicht an den lebenden Wurzeln vergreift.

Kann man im März noch den Boden im Gemüsebeet umgraben?

Wer den Boden mit der Grabgabel lockern oder mit dem Spaten wenden will, kann dies noch bis Ende März tun, damit sich bis zur Saatzeit wieder genügend Kapillaren gebildet haben, die die jungen Pflänzchen von unter her mit Feuchtigkeit versorgen. Es wäre grundfalsch, den Boden noch kurz vor der Aussaat zu wenden, weil er sich dann nicht mehr genügend absetzen kann.

Was macht die Kohlwurzeln so dick?

Der Kohl leidet an einer Pilzkrankheit, der Kohlhernie, die leider nicht zu bekämpfen ist. Schlimmer noch, der verursachende Pilz überlebt lange im Boden. Deshalb darf man unter keinen Umständen im Folgejahr an derselben Stelle wieder Kohl pflanzen! Mindestens fünf Jahre Wartezeit sind nötig! Vorbeugend hilft Kalken (auch mit Algenkalk), bis der Boden einen pH-Wert von 7 erreicht hat. Boden immer locker halten. Als Vorkultur empfiehlt sich der Anbau von Lauch oder Zwiebeln.

Weshalb bekommen Kartoffelblätter Flecken?

Wenn sich die Kartoffelblätter verfärben und später welken, ist die Pflanze von der sogenannten Kartoffel-, Braun- oder Krautfäule befallen. Der Schadpilz breitet sich vor allem bei feuchtem Klima rasch aus. Vorbeugend hilft Entfernen der bodennahen Blätter. Vor der Ernte der Kartoffeln die oberirdischen Pflanzenteile entfernen und mit dem Hausmüll entsorgen, damit die Knollen nicht befallen werden.

Worauf sollten wir bei der
Gemüseaussaat achten?

Frühlingswinde müssen wehen, bevor die Aussaat im Freien beginnt. Keimende Samen brauchen nicht nur Feuchtigkeit, sondern Wärme und viel Sauerstoff. Warten Sie deshalb im März noch einige Tage, bis der Boden abgetrocknet ist und nach einem Regen nicht mehr schmiert. Andererseits ist es wichtig, dass die Samen Kontakt mit der Bodenfeuchte haben, die in den feinen Kapillarröhrchen aufsteigt. Damit das im Winter entstandene Gefüge nicht durcheinander kommt (und die Samen im austrocknenden Boden liegen), wird im Frühling nicht mehr gegraben, sondern nur mit dem Kultivator oder Rechen die Oberfläche ganz leicht gelockert und feinkrümelig geebnet. Danach werden Reihen im Abstand von 20 bis 25 cm gezogen. Mit Schnüren und Reihenzieher lassen sich die Beete einteilen. Die Rillentiefe beträgt je nach Pflanzenart 2 bis 5 cm. Bei der Aussaat streut man die Samen nur dünn, dann muss man später weniger vereinzeln. Man kann ihn als Prise zwischen den Fingern im Abstand von 2 bis 5 cm fallen lassen, ganz vorsichtig aus der geöffneten Samentüte schütteln oder durch Klopfen herausfallen lassen. Danach zieht man mit der Harke lockere Erde darüber. Wichtig ist das Andrücken mit dem Harkenrücken. Dadurch erhält der Samen Bodenkontakt. Zuletzt wird mit feiner Brause gründlich angegossen, ohne den Boden zu verschlämmen. Bis zum Aufgehen der Samen nicht austrocknen lassen!

Wann ist der beste Zeitpunkt zum Gießen?

An heißen Tagen kann der Wasserentzug durch die Pflanzen erheblich sein. Kommt es jetzt zu Wachstumsstockungen, dauert es lange, bis sich die Pflanzen wieder erholen. Die beste Gießzeit ist am frühen Morgen, doch wer hat dann ausreichend Zeit? Gießen am Abend erfreut zwar die Schnecken, andererseits verdunstet sehr wenig und die Pflanzen schöpfen in der Kühle der Nacht neue Kraft. Man gießt immer gründlich und durchdringend, denn oberflächliches Herumplätschern hat wenig Sinn. Das Wasser muss an die Wurzeln vordringen können. 10 l/m² bedeutet bei trockenem Boden nur ein Eindringen in maximal 12 bis 15 cm Tiefe. Man rechnet deshalb mit mindestens 25 l/m², damit sich der Aufwand auch lohnt. Lieber seltener und dafür gründlich und gezielt in der Nähe der Pflanzen gießen, heißt das Motto.

Welches Gemüse kann ich früh säen?

Es gibt eine ganze Reihe von Gemüsearten, die man sehr früh im Jahr – bereits im April – aussäen kann. Dazu gehören zum Beispiel Möhren, Spinat, Schwarzwurzeln, Zwiebeln, Dicke Bohnen, Erbsen, Rettich und Radieschen. Am besten sät man diese Gemüsearten auf gut vorbereiteten Boden unter Folien oder Vlies aus. Das manchmal etwas mühselige Säen lässt sich vereinfachen, indem man sogenannte Samenbänder (aus dem Fachhandel) verwendet. Sie kommen in eine kleine Rille im Boden und werden einige Zentimeter hoch mit Erde bedeckt. Angießen. Fertig.

Ob Blumenkohl, Karotten, Kohlrabi – jedes Jahr ist unser Gemüse von Maden befallen! Wie bekommen wir die Biester aus dem Beet?

Appetitliches Gemüse ohne Maden erhalten Sie durch das Abdecken mit Verfrühungsvlies. Kopf- und Eissalat, Kohlrabi und Radieschen, Blumenkohl und Rettiche reifen unter einer Abdeckung besonders schnell. Vlies ist eine pflegeleichte Alternative zum Frühbeet, denn es lässt Regen und Gießwasser hindurch, braucht nicht gelüftet zu werden und hält zahlreiche Schädlinge fern, vor allem Läuse, Schnecken, Raupen und die zahlreichen Gemüsefliegen, die ab der Zeit der Kastanienblüte Eier ablegen und das Gemüse vermaden.

Im Sommer wählt man besser ein luftigeres, stabiles Kulturschutznetz. Schmackhaftes und pflanzenschutzmittelfreies Gemüse belohnt die kleine Mühe. Das Abdecken ist denkbar einfach. Nach dem Säen oder Pflanzen wird das Netz locker über die Beete gelegt und seitlich mit einigen Schaufeln Erde, mit Haken oder durch aufgelegte Stangen befestigt. Man kann auch stabile Tunnel bauen und bespannen. Die Gartenvliese und Schutznetze sind mehrere Jahre einsetzbar.

Stimmt es, dass Grünkohl erst in Dezember geerntet werden soll?

Ja! Grünkohl und Rosenkohl schmecken erst nach den Frösten richtig gut. Dann wandelt die Pflanze eingelagerte Stärke in Traubenzucker um – der Geschmack wird kräftiger und angenehmer. Bis nach Weihnachten sollten die meisten Pflanzen abgeerntet sein.

Ich habe Bienenfreund (*Phacelia*) nach Kulturende eingesät. Nun lese ich, dass diese Gründüngung für die Kartoffel wegen Fadenwurmbefalls nicht geeignet ist.

Sie brauchen nicht auf einen Anbau von Kartoffeln zu verzichten, nur weil man eine andere Gründüngungspflanze ausgesät hat als normalerweise empfohlen wird.

Wenn natürlich mehrere Jahre auf dem gleichen Standort Kartoffeln angebaut wurden, kann man wirklich von einer Anfälligkeit gegenüber Nematoden sprechen. Wenn jedoch regelmäßig die Fläche gewechselt wird, so ist dies nicht schlimm. Leider sind heutzutage die Hausgärten mit durchschnittlich $300\,m^2$ nicht so groß wie früher, so dass die Anbauflächen nicht so oft gewechselt werden können. Pflanzen Sie nächstes Jahr Ihre Kartoffeln. Düngen Sie die Kartoffeln mit schwefelsaurem Ammoniak und Kalimagnesia. Dies hat sich seit Jahren bewährt.

Woran erkennen wir, dass der richtige Erntetermin beim Gemüse gekommen ist?

Vielen Früchten sieht man schon von außen den besten Erntezeitpunkt an. **Karotten (Möhren)** bekommen dann eine abgerundete Wurzel. Spitze Rüben – und häufig sieht man sie so – brauchen in der Regel noch etliche Tage bis zum optimalen Reifezeitpunkt.

Beim **Paprika** ist die grüne Farbe keine Sorteneigenschaft. Solche Früchte sind noch nicht reif. Wartet man noch ein paar

Tage, färbt sie sich rot, schmeckt obstartig süß, aromatisch und nicht bitter.

Tomaten gibt es nicht nur in Rot, sondern auch in Gelb, Orangerot, mit grünen Streifen und sogar in Weiß. Am meisten verbreitet ist jedoch die rote Farbe. Nicht grün ernten, außer bei Frostgefahr im Herbst. Platzfeste Sorten wie 'Vanessa', 'Virginia' oder die Cocktailtomate 'Piccolino' können bis zu zwei Wochen an der Pflanze verbleiben. Erst gut ausgefärbte Früchte entwickeln das volle Aroma. Frisch und gegrillt schmecken sie am besten. Übrigens: Tomaten zum Ausreifen immer zimmerwarm lagern, dann entwickeln sie sogar im Herbst noch Geschmack.

Kartoffeln sind erntereif, wenn sich das Laub allmählich gelb färbt und zu welken beginnt.

Brokkoli erfordert im Sommer Aufmerksamkeit. Fein genarbt und voller winziger Knospen sollten die Köpfe sein. Wenn sich die gelben Blüten öffnen, ist es zu spät. Dann aber nicht verzagen, sondern die Köpfe abschneiden und die Pflanze stehen lassen. Brokkoli schiebt bald wieder neue Triebe an der Seite nach, so dass man bis zu dreimal ernten kann.

Kopfsalat und **Eissalat** bilden einen Kopf. Erst wenn sich die Innenblätter überdecken und beim vorsichtigen Drücken mit der Hand Widerstand spürbar wird, lohnt sich die Ernte.

Pflücksalate dagegen erntet man Blatt für Blatt. Das Herz bleibt stehen und regeneriert sich immer wieder. Auf diese Weise hat man über Monate hinweg frischen Salat und erntet insgesamt viermal mehr als beim Kopfsalat.

Hält Wintergemüse, was der Namen verspricht? Können wir diese Gemüsesorten problemlos durch den ganzen Winter ernten?

Selbst Wintergemüse wie Grünkohl, Lauch (Porree) oder Rosenkohl halten nicht jeden Frost aus. Bei Kahlfrösten unter −22 °C ist mit Frostschäden zu rechnen. Deshalb sind Sorten mit breiten, schützenden Blättern gefragt, die dem Frost wenig Angriffsmöglichkeiten bieten. Die Grünkohlsorten 'Halbhoher Grüner Krauser' oder die Hybriden 'Redbor F1' und 'Winterbor' überzeugen durch Winterhärte und hohen Ertrag, 'Lerchenzungen' dagegen eher durch feineren Geschmack und edleres Aussehen. Bei Rosenkohl empfehlen sich die frühen Sorten wie 'Hilds Ideal', die locker weiche Blätter besitzt.

Ein Porree (Lauch) für die Ernte über den ganzen Winter bis ins Frühjahr hinein, ist die Sorte 'Blaugrüner Winter / Porilux'.

Wie lässt sich frischer Kopfsalat verfrühen?

Wenn man die Beete von im März ins Freiland gesätem Kopfsalat mit perforierter Abdeckfolie (aus dem Fachhandel) bedeckt, kann man den Salat etwa vierzehn Tage früher ernten. Die Ränder der Folie beschwert man am besten mit Steinen oder mit Erde. Normalerweise lässt man die Folie etwa drei Wochen auf dem Beet. Fortgenommen wird sie, wenn die Witterung freundlicher wird. Aber Vorsicht! Zu starke Sonneneinstrahlung kann rasch zu Verbrennungen an den jungen Salatblättern führen!

Raureif und Fröste haben den Wuchs der Gründüngungspflanzen gestoppt. Können wir nun das Beet räumen und die kaputten Pflanzen auf dem Beet belassen?

Bienenfreund *(Phacelia)*, Gelbsenf, Ölrettich, Lupinen und Tagetes bieten jetzt zwar einen traurigen Anblick – aber das täuscht. Für den biologischen Wert der Grünmasse ist der Frost ohne Bedeutung. Pflanzenfasern, die gebundenen Nährstoffe aus der vorherigen Düngung und die von den Wurzeln gebohrten Öffnungen im Boden bleiben ja erhalten. Wer sich am Aussehen der Gründüngerbeete nicht stört, belässt sie am besten bis zum Spätwinter (Februar bis Anfang März) auf dem Beet und nimmt erst dann eine vorsichtige Bodenbearbeitung vor. Regenwürmer und andere Bodenlebewesen werden die Pflanzenmasse bis zum Frühjahr weitgehend vertilgen. Der Rest wird danach flach eingearbeitet oder kompostiert.

Weshalb verfärben sich die Kohlblätter?

Leider werden die Setzlinge verschiedener Kohlarten, ganz besonders aber die von Blumenkohl, häufig von den Maden der Kohlfliege befallen. Die Kohlfliege, die ähnlich aussieht wie eine normale Stubenfliege, legt ihre Eier an den Wurzelhals der Pflanzen. Dort entwickeln sich dann die Maden, die die Wurzeln abfressen. Vorbeugend hilft relativ tiefes Pflanzen (mit Ausnahme von Kohlrabi) und Überspannen der Beete mit speziellen Netzen. Ansonsten hilft Gießen mit einem speziellen Präparat gegen Kohlfliegen.

Meine Nachbarin behauptet, dass vorgezogenes Gemüse besser wächst und eine größere Ernte bringt. Kann das stimmen?

Tatsächlich gedeihen Zucchini, Gurken, Melonen und Kürbisgewächse besser, wenn man sie auf der Fensterbank anzieht. Anfang April bis Anfang Mai wird bei Zimmertemperaturen von 18 bis 22 °C gesät, jeweils ein bis zwei Samen pro Topf. Die Topfaussaat ist wichtig, damit sich ein Ballen entwickelt. Ohne die empfindlichen Wurzeln zu stören, kann man sie dann Mitte Mai bis Anfang Juni an eine sonnige, geschützte Stelle im Abstand von 80 bis 100 cm auspflanzen. Eine Direktsaat ins Freie ist erst nach den Eisheiligen, also ab Mitte Mai bis Anfang Juni, bei Zucchini, Gurken, Kürbisarten und Zuckermais möglich.

Tomaten entwickeln sich bei Temperaturen um 20 °C recht schnell. In nährstoffreiche Erde pikiert, finden die Töpfchen an einem hellen Ost- oder Westfenster Platz. Pralle Sonne führt dagegen zu Verbrennungen.

Jedes Jahr bekommen unsere Gurken einen grauen Belag auf den Blättern. Was ist das?

Die Gurken sind mit Grauschimmel, auch Botrytis genannt, befallen. Besonders bei feuchtem Wetter breitet sich dieser Pilz rasch aus. Begünstigt wird er aber auch durch starke Stickstoffdüngung. Deshalb sollte man eine Überdüngung vermeiden. Kranke Pflanzenteile entfernen und vernichten. Für lockeren Boden und für lichten Stand sorgen.

Weshalb platzen die Möhren?

Die Möhren platzen häufig dann, wenn nach einer anhalten-
den Trockenperiode plötzlich sehr viel Regen fällt. Aber auch
nach der Verabreichung stark stickstoffhaltiger Düngergaben
kann es zum Platzen der Möhren kommen. Vorbeugend hilft
die Einarbeitung von gutem Kompost und das Einschränken
von Düngergaben. Auf keinen Fall sollte der Hobbygärtner
mit frischem Stalldung düngen!

Seit Jahren ärgern wir uns über unsere Radieschen, weil wir sie immer mit Maden teilen müssen. Was sollen wir tun?

Radieschen ohne Maden, das heißt Gemüsean-
bau ohne Gemüsefliege! Der beste Schutz gegen
die verschiedenen Gemüsefliegenarten und anschließenden
Madenbefall ist das Abdecken der Beete mit Kulturschutznet-
zen. Doch nicht jeder mag Kunststoffe im Garten. Die Spätsaat
von Radieschen löst das Problem auf natürliche Weise, denn
jetzt sind die Schädlinge kaum noch unterwegs. Verwenden
Sie nur schnellwüchsige Sorten wie 'Florent F1', 'Juwasprint',
'Cyros F1', 'Saxa 2' (alle rund und rot), die länglichen weißen
„Minirettiche" der Sorten 'Eiszapfen' und 'Ilka' oder die hüb-
schen rotweißen 'Flamboyant' und 'French Breakfast'. Weil das
Licht im Spätsommer und Frühherbst schon stark nachlässt, auf
weiten Abstand säen: 25 cm zwischen den Reihen und auf 6 bis
8 cm vereinzeln. Letzter Sätermin im Freien ist Ende September,
im Gewächshaus kann man bis Anfang Oktober säen.

Was mache ich mit den noch grünen Tomaten vor den ersten Frostnächten?

Rechtzeitig vor dem Frost können Sie alle gesunden grünen oder halbreifen Früchte ernten. Zimmerwarm, oder auch mit Zeitungspapier bedeckt oder dunkel (aber keinesfalls kühl!) in flachen Kisten gelagert, reifen die Tomaten innerhalb von drei bis vier Wochen nach. Das beste Aroma erzielt man mit Kirschtomaten oder mit normal großen Longlife-Tomaten wie zum Beispiel 'Vanessa' oder 'Virginia'. Im Gewächshaus lohnt es sich, die ersten Frostnächte durch Heizen zu überbrücken. Denn es folgen häufig noch drei bis vier Wochen mit milderen Temperaturen. Die letzten Erträge reifen dann noch vitaminreich an der Pflanze aus.

Zucchini und Gurken frühzeitig ernten!

Die kleinen Früchte sind die besten – das gilt nicht nur für Gurken, sondern auch für Zucchini. Zu große Früchte belasten die Pflanze und bringen den Ertrag zum Erliegen. Reichliches Pflücken und die Reduzierung der Blätter regt dagegen die Fruchtbildung an. Das gilt selbst für die „kletternden Zucchini" ('Black Forest'), die von Natur aus nicht zu Riesenexemplaren wachsen. Ernten Sie Zucchini schon im jungen Zustand (20 cm lange Früchte sind ideal). Übrigens kann man nicht nur die Früchte verzehren. Auch die großen leuchtendgelben Blüten sind ein kulinarischer Genuss. In Omeletteteig getaucht und in heißem Fett ausgebacken, sind sie eine wahre Delikatesse!

Kann man Rhabarber im Mai oder Juni noch pflanzen?

Es ist kein Problem, Rhabarber im Frühsommer zu pflanzen. Er kann das ganze Jahr, außer bei gefrorenem Boden, gepflanzt werden. Pflanzen Sie an einem sonnigen bis halbschattigen Standort, mit einem mittelschweren, tiefgründigen, nährstoffreichen Boden.

Meine Großmutter behauptet, dass man Salat nur am Abend aussäen darf. Stimmt das?

Ihre Großmutter hat Recht! Tatsächlich sollte man Salatsamen bei Hitze nur am Abend ausbringen! Fast alle Gemüsearten keimen bei höheren Temperaturen besser. Beim Salat ist es umgekehrt. Bei Temperaturen über 18 °C sind bei fast allen Sorten Keimhemmungen zu erwarten. Der Samen keimt dann nicht, obwohl seine Qualität nichts zu wünschen übrig lässt.

Mein Tipp: Salat grundsätzlich nur abends aussäen. Da die ersten Stunden für den Keimvorgang entscheidend sind, hilft mitunter schon die Nachtkühle, um die Temperatur genügend abzusenken. Dann reichlich angießen. Die Verdunstungskälte hilft mit. In extrem warmen Sommern, wenn auch die Nächte zu warm sind, den Samen in einem Plastikbeutel in feuchtem Sand einen Tag lang (nicht länger!) im Kühlschrank bei Temperaturen unter 15 °C vorkeimen und dann sofort aussäen. An kühlen und regnerischen Tagen gibt es ohnehin keine Probleme. Deshalb ist es manchmal besser, ein paar Tage bis zum Wetterumschwung zu warten.

Wie pflanzt und pflegt man die Speisekürbisse?

Der Speisekürbis liebt einen nährstoffreichen Boden. Die vorgezogenen Pflanzen werden nach den Eisheiligen ins Beet gesetzt. Nach dem sechsten Blatt werden die Pflanzen entspitzt, um die Rankenbildung zu erhöhen. Kürbisse sollten nicht auf Komposthaufen gepflanzt werden. Wenn überhaupt, dann daneben. Die großen Blätter sorgen für eine Schattierung, dadurch trocknet der Kompost nicht so schnell aus.

Möchte man schöne große Kürbisse, so sollte man nicht zu viele Früchte an einer Pflanze lassen. Auch sollten Speisekürbisse nicht neben Zierkürbisse gepflanzt werden, da Fremdpollen von Zierkürbissen auf Speisekürbisse gelangen könnten, was eventuell zu Ungenießbarkeit führen kann.

Jedes Jahr versuche ich immer wieder, Busch- und Stangenbohnen anzubauen. Doch es funktioniert nie! Die Bohnen kümmern nur!

Wie die meisten Hülsenfrüchte, lieben Busch- und Stangenbohnen warme und luftige Bedingungen im Keimbett, um zügig zu keimen. Kalte und nasse Tage sind Gift für sie. Die Bodentemperatur sollte dauerhaft über 10 °C liegen, optimal sind 20 bis 25 °C. Ist der Boden zu kalt und das Wetter zu nass, dann erscheinen die Keimblätter nur vereinzelt und lückenhaft aus den Reihen. Anstatt waagerecht der Sonne entgegen zu wachsen, stehen die Pflänzchen wie frierende Soldaten im

Regen, ganz gelb vor Kälte, die Keimblätter angelegt. Meistens sind die Wurzeln dieser Kümmerlinge braun statt weiß – das heißt schädliche Bodenpilze sind bereits am Werk! Solche Bohnen erholen sich, wenn überhaupt, erst spät wieder. Deshalb nicht übereilt aussäen. Oft ist es besser, noch ein paar Tage auf einen Wetterumschwung zu warten. Die Pflanzen holen einen Rückstand schnell wieder auf. Wer in Höhenlagen wohnt oder mit schwerem, lehmigem oder tonigem Boden zurecht kommen muss, sollte auf die Samenfarbe achten. Schwarze Bohnen (zum Beispiel die Sorte 'Delinel') keimen viel besser als weiße Bohnen, ebenso braun gefärbte Sorten wie die alte, aber bewährte, 'Saxa'.

Als Hobbykoch und -gärtner muss ich unbedingt alle essbaren Blüten aus dem Garten kennen. Können Sie mir ein paar Pflanzennamen verraten?

Essbare Blüten – da lassen sich Nutz- und Ziergarten prächtig vereinen.

Das gelingt mit roten Salaten, blau bereiftem, schimmerndem Rotkohl, rotem Basilikum in Töpfen und vor allem mit essbaren Blumen. Wer dabei gleich an die bekannte Kapuzinerkresse denkt, hat sicher recht, doch mit Appetit verzehren kann man auch die blattreichen Salatchrysanthemen (*Chrysanthemum coronarium*), ebenso himmelblaue Borretschblüten, Gänseblümchen, Veilchen, kleinblütige Studentenblumen (*Tagetes tenuifolia*), Ringelblumen, Balsaminen (*Impatiens balsamina*) und hellgrünen Ballonwein (*Cardiospermum halicacabum*).

Wir haben bereits Anfang April Kartoffeln ausgebracht. Doch jetzt kündigen sich Nachtfröste an. Was sollen wir tun?

Wenn bereits im April ausgelegte Frühkartoffeln mit ihren ersten Trieben durch die Erde stoßen, muss man sie vor den manchmal noch sehr empfindlichen Frösten im Mai schützen, sonst erfrieren sie. Selbst weniger starker Frost lässt die Triebe bereits erfrieren. Am besten schützt man die Pflänzchen durch das Anhäufeln von Erde. Und zwar so hoch, dass von den zarten Triebspitzen nichts mehr zu sehen ist.

Wie bringe ich Farbe in meinen Gemüsegarten? Alles ist immer nur „Grün in Grün".

Wer ein Beet mit speziellen Samenmischungen aussät, bringt viele bunte Blumen in den Nutzgarten und kann sich trotzdem als Gemüsegärtner fühlen. Daneben gibt es kaum eine preisgünstigere Möglichkeit, Zier- und Bauerngärten, Schalen, Rondelle und Einfassungen mit haltbaren, prächtigen Blattpflanzen auszustatten, als eine Samentüte rotstieligen Mangolds der Sorten 'Rhubarb Chard', 'Feurio' oder 'Vulkan' auszusäen und die jungen Pflanzen an die Stelle von abgeblühten Stiefmütterchen, Goldlack oder Vergissmeinnicht zu setzen. Bis nach den ersten Herbstfrösten legen die Pflanzen an Farbintensität stetig zu. Besonders auffällig sind die Blattstiele der Sorte 'Bright Lights' in allen Regenbogenfarben. Rotkohl, Wirsing und Grünkohl (die Sorte 'Redbor F1' hat purpurrote Blätter) sind wie Zierkohl prächtig in edlen Gefäßen anzusehen. Kommt dann der erste Raureif, wirken die bepuderten Blattoberflächen noch interessanter. Grüne und bunte Salate und Kräuter kann man in Schalen, Amphoren und Terrakottatöpfen zusammen mit Fleißigen Lieschen, zierlichem Schleierkraut (*Gypsophila muralis*, einjährig oder *Gypsophila repens*, mehrjährig) kombinieren.

Was macht das Zwiebellaub gelbbraun?

Die gelben, später braunen Flecken auf der Blattoberseite sind Anzeichen für den Befall mit Falschem Mehltau. Auf der Unterseite wird man stets auch einen weißlichen Belag entdecken können. Diese Pilzkrankheit befällt auch Kohl, Salat und verschiedene Blumen. Erkrankte Pflanzenteile entfernen und vernichten. Große Pflanzabstände einhalten und für eine gute Bodenlockerung sorgen. Nur sehr vorsichtig gießen, am besten am Morgen, damit das Laub wieder abtrocknen kann. Sorgen Sie für Fruchtwechsel!

Was ist das für ein Gespinst an den Bohnen?

Besonders Bohnen sind im Gemüsegarten häufig von Spinnmilben befallen. Die Bohnenblätter sind zunächst gesprenkelt, später vergilben sie und werden von Gespinsten umhüllt. Vor allem bei schönem, warmen Wetter vermehren sich die Schädlinge besonders rasch. Vorbeugend hilft das Absprühen der Pflanzen mit Wasser an warmen Tagen. Bei starkem Befall Spritzungen mit Präparaten auf der Basis von Rapsöl. Die Spritzungen sollte man mehrfach wiederholen und vor allem auch die Blattunterseiten benetzen!

Weshalb sind die
Erbsenschoten verkrüppelt?

Die Pflanzen sind von Thripsen, auch Blasenfüße genannt, befallen. Auf den Blättern der Erbsen entdeckt man zunächst weißliche Punkte, später werden die Blattunterseiten silbrig. Bei trockener und warmer Luft vermehren sich die Schädlinge sehr rasch. Deshalb sollte man die Pflanzen vorbeugend möglichst frühzeitig aussäen, sie feucht halten und öfter tagsüber von oben beregnen. Bei starkem Befall mit nützlingsschonenden Präparaten spritzen.

Wir wollen auch im Winter Kräuter genießen! Gibt es für Schnittlauch und Co außer Einfrieren der frischen Kräuter weitere Möglichkeiten?

Schnittlauch und Petersilie liefern im Winter am Fensterbrett in Töpfen oder Schalen frisches Grün. Schnittlauch muss richtig einziehen und dann aus einem trockenen Ballen wieder voll durchtreiben, sonst sind die Pflanzen später schwach und haben wenig Aroma. Für die Schnittlauchtreiberei werden im Spätherbst die Ballen ausgegraben und die Wurzeln von Erde befreit. Das alte Laub stirbt dabei ab, Reservestoffe wandern in die verdickten Zwiebeln und neue Triebe werden angelegt. Lassen Sie die Ballen an einem geschützten Platz durchtrocknen und durchfrieren. Keine Angst, der Schnittlauch übersteht diese „Gewaltkur" bestens! Ab Ende November werden die Klumpen dann in Töpfe gesetzt und anfangs mit angewärmtem Wasser von 35 bis 40 °C übergossen. Das erweckt sie zu neuem Leben, so dass sie am Fensterbrett willig treiben. Bei

Petersilie sind solche groben Maßnahmen falsch. Die Pflanzen werden sehr pfleglich behandelt, mit möglichst großem Ballen ausgraben und in Beete im Gewächshaus oder in größere Töpfe gesetzt. Die Petersilie wächst sofort weiter und bildet immer neue Herzblätter. Eine Flüssigdüngung alle zwei Wochen, Zimmertemperatur und möglichst viel Licht fördern die Kultur. Sorten, die sich besonders gut treiben lassen und in Töpfen noch kompakt wachsen, sind 'Clivi', 'Grüne Perle', 'Bravour' und die besonders aromatische 'Aphrodite'.

Unsere vorgezogenen Tomaten und Paprika haben immer wieder Schwierigkeiten durchzukommen. Woran könnte das liegen?

Erst ab Mitte Mai ist Pflanzzeit für Tomaten und Paprika. Beide lieben gut gedüngten Boden, eine geschützte Lage und viel Wärme. Falls die Nachttemperaturen noch unter 10 °C fallen, sollten Sie besser noch etwas warten, denn Kälte verkraften die Pflanzen schlecht. Geben Sie ihnen noch eine Startdüngung und feuchten Sie den Ballen an, das erleichtert das Anwachsen. Zu hohe, staksige Pflanzen kann man tiefer setzen, denn bald entstehen an den Stängeln neue Wurzeln, die dem Wuchs gut bekommen. Sowohl Paprika als auch Tomaten dürfen nicht austrocknen. Ein Blumentopf, dicht neben den Pflanzen in den Boden eingesenkt, erleichtert das Gießen. Man kann ihn schnell mit Wasser füllen, durch das Loch im Boden läuft das Nass schonend dorthin, wo es gebraucht wird: in den Wurzelbereich. Mein Tipp: Setzen Sie Tomaten und Paprika in schwarze Kübel – der Ernteerfolg wird Sie überraschen.

Trotz allem Bemühen fällt in unserem Garten die Ernte von Busch- und Stangenbohnen mehr als kläglich aus. Wie können wir endlich eine ordentliche Erntemenge bekommen?

Ich bezeichne Bohnen immer als „Königsgemüse" – sie erfordern tatsächlich viel mehr Aufmerksamkeit als andere, damit der Ertrag nicht leidet.

Eine leichte Düngung vor der Blüte fördert den Ansatz. Vor allem aber dürfen die Pflanzen keine Not leiden. Es ist bekannt, dass für einen guten Ertrag vor allem die letzten zehn Tage vor und nach der Blüte entscheidend sind. Reichliche Wassergaben sind dringend notwendig, sonst werden bereits angesetzte Knospen und Blüten wieder abgestoßen. Sie bringen im Herbst noch eine gute Ernte von zarten, besonders schmackhaften Bohnen.

Wie die meisten Hülsenfrüchte lieben auch Bohnen warme und luftige Bedingungen, um freudig zu keimen. Kalte und nasse Tage sind ungeeignet. Die Bodentemperatur sollte dauerhaft über 10 °C liegen, optimal sind 20 bis 25 °C. Bei schlechten Bedingungen (und die sind bis Anfang Juni zu erwarten) zwängen sich die Keimblätter nur vereinzelt und lückenhaft aus den Reihen.

Betrachtet man die Wurzeln, dann sind diese nicht selten braun statt weiß, beschädigt durch *Pythium*- oder *Fusarium*-Bodenpilze. Solche Bohnen erholen sich nur sehr mühsam – wenn überhaupt. Besser ist es, noch ein paar Tage auf einen Wetterumschwung zu warten – die Pflanzen gleichen einen Rückstand schnell wieder aus. Wer in Höhenlagen wohnt oder mit schwerem, lehmigem oder tonigem Boden zurecht kommen muss, sollte auf die Samenfarbe achten. Schwarze Bohnensorten (zum Beispiel die Filetbohnen 'Primel', 'Delinel', 'Negra' oder 'Telstar') keimen viel besser als jene von weißen Sorten.

Woran erkenne ich, dass das Gemüsesaatgut aus den letzten Jahren noch in Ordnung ist?

Nicht schwierig ist es, einen Samentest auf Keimfähigkeit zu Hause selbst zu machen: Man braucht dazu saugfähiges Papier, zum Beispiel Löschpapier. Aber auch Papiertaschentücher, Servietten oder ein Haushaltsvlies leisten gute Dienste. Man legt das Papier in einen tiefen Teller, feuchtet es gut an, jedoch nicht zuviel – es darf sich kein Wasser gesammelt haben.

Nun werden Samenproben abgezählt: 50 oder 100 sind gute Zahlen, weil sich damit anschließend der prozentuale Anteil der gekeimten Samen einfach ausrechnen lässt. 50 gekeimte Samen von 100 angesetzten ergibt eine Keimrate von 50 %. Feine Samen von Kohlrabi, Salat oder Gelben Rüben werden gut verteilt auf dem feuchten Papier ausgebracht.

Eine über den Teller gezogene Folie sorgt für eine hohe Luftfeuchtigkeit (gespannte Luft), in der die Samen schnell keimen, und verhindert, dass die Feuchtigkeit verdunstet. Es ist also keine weitere Pflege nötig, bis sich bei Zimmertemperatur innerhalb von wenigen Tagen die Keime zeigen. Vorsichtshalber wartet man noch weitere 14 Tage ab und zählt dann aus, wenn sich auch die Nachzügler noch entschlossen haben, zu zeigen, dass in ihnen Leben steckt.

Meine Schwiegermutter behauptet, dass man wesentlich mehr Paprika ernten kann, wenn sie „ausbricht". Stimmt das, und wenn ja, was muss ich dafür tun?

Tatsächlich fällt die Paprika-Ernte deutlich höher aus, wenn man auf die erste „Königsknospe" verzichtet. Das Ausbrechen aktiviert den nachfolgenden Blütenansatz und steigert den Ertrag. Paprika braucht gleichmäßiges Gießen und regelmäßige Düngergaben (alle zwei Wochen flüssig nach Vorschrift düngen). Trocknen die Pflanzen aus, werden Blüten und Früchte abgeworfen.

Ab September bilden sich große Lücken im abgeernteten Gemüsebeet. Was können wir jetzt noch aussäen?

Schnelle Lückenfüller sind Gartenkresse und Salatrauke (Rukola), die noch Abwechselung in den Speiseplan bringen. Die feinen Samen können noch bis Ende Oktober mit Aussicht auf Erfolg gesät werden.

Wer glaubt, im Winter gäbe es nichts mehr vom Beet zu ernten, der irrt. Schwarzwurzeln und Pastinaken kann man sogar im Boden belassen, wenn man zuwenig Lagermöglichkeiten besitzt. Diese beiden Wurzelgemüse überstehen jeden Frost. Man erntet sie bis zum Frühjahr bei Tauwetter. Typische Wintergemüse sind auch Grünkohl und Rosenkohl. Erst durch die Kälte wird ihr zunächst strenger Geschmack süßlich und angenehm, Stärke wandelt sich dabei in Traubenzucker um. Doch aufgepasst: sie überstehen keine extremen Fröste. Ab −20 °C kommt es zu

Schäden. Aus diesem Grund wird die Ernte gewöhnlich bis Anfang Januar beendet. Kein Gewächshaus braucht man auch für Löffelkraut, Winterkresse und Winterportulak.

Was müssen wir berücksichtigen, wenn wir im freigewordenen Beet zum krönenden Saisonabschluss noch Feldsalat säen wollen?

Der Feldsalat kann bedenkenlos jeder gängigen Gemüsekultur nachfolgen. Die letzte Aussaat sollte allerdings im Freiland bis Mitte September erfolgen. Im Gewächshaus oder dem jetzt leeren Frühbeetkasten ist auch Ende September noch durchaus möglich. Er ist in der freien Natur ein Ackerwildkraut. Der Name „Ackersalat" deutet noch darauf hin. Weil man ihn ganz einfach mit der kompletten Rosette ernten und mit wenig Putzaufwand verwerten kann, wird Feldsalat nicht nur als Wintergemüse angeboten, sondern mittlerweile das ganze Jahr über angebaut. Möglich machen dies neue Züchtungen wie 'Vit', 'Marathon', 'Jade' oder 'Gala'. Sie vertragen Hitze und schossen so spät, dass man sie selbst im Sommer aussäen kann. Gewöhnlich beginnt die Feldsalat-Saison mit der Aussaat im August, so dass man von Oktober bis Dezember ernten kann. Sät man im Freien erst Mitte September, fällt die Ernte ins nächste Frühjahr (März bis April). Im Gewächshaus kann man noch im September säen und bis Weihnachten ernten. Aussaaten gegen Ende Oktober reifen erst im Frühjahr. Gesät wird dünn verteilt, nicht tiefer als 1 cm, in Reihen von 10 bis 15 cm Abstand. Gut andrücken, damit die Samen Bodenanschluss haben und in der langen Keimzeit (drei Wochen) nicht austrocknen.

Zimmerpflanzen

Mein Alpenveilchen bekommt immer längere Blütenstiele.

Sie sollten Ihr Alpenveilchen unbedingt an einen kühleren Ort stellen. Die Zimmerluft scheint zu warm und zu trocken zu sein. Dadurch werden die Stiele immer länger und dünner. Dies bewirkt das Auseinanderfallen der Stiele. Ideal sind Temperaturen zwischen 12 und 15 °C und keine direkte Sonne.

Ich habe das Problem, dass meine Tulpen in der Vase nicht aufblühen.

Wahrscheinlich sind die Tulpen zu früh geschnitten worden. Damit Sie lange Freunde an Tulpen haben, sollten Sie beim Kauf darauf achten, dass die Knospen bereits Farbe zeigen. Nur dann können sie ihre Blütenpracht entfalten. Wenn Tulpen schnell verwelken, kann dies verschiedene Gründe haben. Auf keinen Fall dürfen sie neben Obst stehen. Direkt nach dem Kauf sollten die Stielenden schräg angeschnitten werden, damit sie viel Wasser aufnehmen können. Haben Sie die Blumen nach dem Kauf beispielsweise noch längere Zeit im Auto liegen lassen, sollten Sie sie fest in Zeitungspapier wickeln und noch mit dem Papier in Wasser stellen. Nach einer halben Stunde haben sich die Stiele stabilisiert. Wenn Sie dem Wasser noch Schnittblumennahrung hinzufügen, wird ein vorzeitiges Verblühen mit Sicherheit verhindert.

Was sind eigentlich Thripse?

Thripse nennt man auch Blasenfüße; sie sind Schädlinge, die an Zimmerpflanzen ziemlich häufig sind. Es sind etwa 1,5 mm große Insekten mit gefransten, oft quergestreiften Flügelchen. Ihr volkstümlicher Name kommt von den kleinen Haftblasen an den Beinen. Sowohl die erwachsenen Tiere als auch die Larven saugen Pflanzensaft aus den Blättern. Diese zeigen zunächst weiße oder gelbliche Flächen und schließlich silbrigen Glanz. Bei starkem Befall verkümmern die Blüten und die Blätter fallen ab. Trockene Luft und schlecht ernährte Pflanzen begünstigen den Befall durch Thripse. Langfristig wird man nur mit einer Verbesserung der Kulturbedingungen oder Nützlingen Herr werden können.

Mein Farn steht an einem hellen, aber sonnengeschützten Platz. Doch die jungen Wedel verkümmern und trocknen ein. Was kann ich dagegen tun?

Die Vorfahren unserer Farne sind überall auf der Welt beheimatet: in den tropischen Regenwäldern, in den nebenfeuchten Küstenwäldern Neuseelands und Australiens, aber auch in höheren Lagen bis knapp unter die Schneegrenze. Alle Farnarten – immerhin sind über 10 000 verschiedene bekannt – benötigen eine hohe Luftfeuchtigkeit. Ist diese nicht gegeben, sollten die grünen Wedel einmal täglich mit Wasser besprüht werden. Regenwasser oder abgekochtes Wasser verwenden, sonst entstehen hässliche Kalkflecken. Wichtig ist es, zu wissen, dass stärkeres Gießen des Wurzelballens hier keine Abhilfe schafft, sondern das Faulen der Wurzeln begünstigt.

Wenige Wochen nachdem ich mir im Gartenmarkt eine Columnea gekauft hatte, warf sie trotz regelmäßigem Gießen die Blätter ab.

Wirft die Columnea ihre Blätter ab, dann ist mit hoher Wahrscheinlichkeit der Standort zu hell und vor allem zu lufttrocken. Die Columnea liebt einen warmen, halbschattigen und vor allem luftfeuchten Standort. Versuchen Sie es bei Ihrer nächsten Columnea einmal mit einem Standort in der Küche. Gönnen Sie der Pflanze in den Wintermonaten eine Ruhezeit von etwa zwei Monaten, in der Sie die Pflanze sparsamer gießen und keinesfalls düngen, dann wird die Columnea Sie im nächsten Sommer garantiert mit reichem Blütensegen überraschen.

Für mein schattiges Blumenfenster suche ich noch eine Pflanze. Nach Möglichkeit sollte sie auch hydrokulturgeeignet sein und zu Farnen passen. Welche könnten Sie mir empfehlen?

Eine schöne Pflanze, die gut in Hydrokultur wächst und auch einen lichtarmen Standort gut verträgt, ist das Einblatt *(Spathiphyllum)*. Die Pflanze ist eng verwandt mit dem Fensterblatt *(Monstera)*, hat jedoch längliche, spitz zulaufende, ungeteilte Blätter und den für alle Aronstabgewächse typischen Blütenstand, dessen weißer oder cremefarbener Kolben von einem großen weißen Hüllblatt umgeben ist. Hohe Luftfeuchtigkeit ist wichtig. Kennen Sie die Drachenbäume? Sie sind bestens für Hydrokultur und für schattige Standorte „ausgerüstet". Mein Tipp: *Dracaena marginata*.

Meine Aeschynanthus ist von Spinnmilben befallen. Wie schaffe ich Abhilfe?

Am besten schneiden Sie alle befallenen Triebe Ihrer Aeschynanthus ab und stellen die Pflanze in die Badewanne, brausen sie dann lauwarm ab und setzen anschließend Nützlinge (zum Beispiel Raubmilben, kann man im Gartenmarkt bestellen) auf die Pflanze.

Von einer Freundin habe ich eine dicke Amarylliszwiebel geschenkt bekommen. Wann kann ich pflanzen, und was muss ich beachten?

Mit der Pflanzung der Amaryllis, eigentlich heißt sie *Hippeastrum*, können Sie im Herbst beginnen. Wählen Sie einen Blumentopf, dessen Durchmesser etwa 4 bis 5 cm breiter ist als ihre Zwiebel. Pflanzen Sie die Amarylliszwiebel so in Blumenerde, dass gut ein Drittel der Zwiebel über die Erde schaut. Dann brauchen Sie nur noch auf das Blühwunder zu warten. In vier bis sechs Wochen ist es so weit. Nach dem Eintopfen stellen Sie die Amaryllis hell und warm, am besten auf ein Fensterbrett über der Heizung, und halten die Erde mäßig feucht. Wenn sich nach wenigen Tagen die Triebspitze aus der Zwiebel reckt, gießen Sie etwas mehr. In wenigen Wochen wird sich die herrliche Blüte entfalten. Nach der Blüte sollten Sie die verwelkte Blüte entfernen, bevor sich Samen bilden kann; den Blütenstängel lässt man stehen, bis er verwelkt und die Zwiebel wieder mit Saft und Kraft versorgt. Dünger tut der verausgabten Zwiebel jetzt gut, damit sich das Blattwerk gut entwickelt.

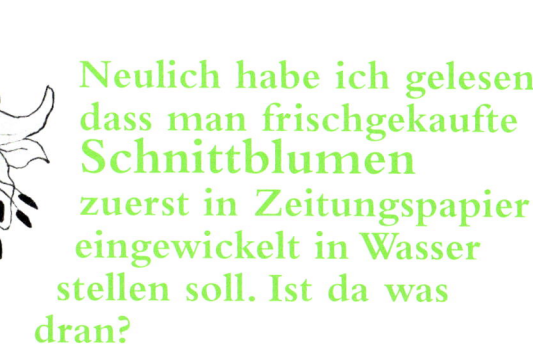

Neulich habe ich gelesen, dass man frischgekaufte Schnittblumen zuerst in Zeitungspapier eingewickelt in Wasser stellen soll. Ist da was dran?

Vor allem im Sommer bei warmen Außentemperaturen leiden Schnittblumen auf dem Weg vom Blumengeschäft nach Hause unter Hitze und Wasserentzug und können schlapp werden. Wenn man die Blumen nun zuhause eng in Zeitungapapier wickelt und so in frisches Wasser stellt, wenn möglich in einem kühleren Zimmer, dann haben die Stiele die Gelegenheit sich wieder zu stabilisieren. Eine halbe Stunde dieser zugegebenermaßen unattraktiven Prozedur wirkt wirklich Wunder. Danach sind die Blumen wieder frisch und haben feste Stiele. Bevor man sie endgültig in frisches Wasser mit Schnittblumennahrung stellt, schneidet man die Stiele erneut an.

Ich ärgere mich immer wieder über die Flecken, die der Blütenstaub von Lilien hinterlässt. Gibt es Abhilfe?

Am besten lässt sich der lästige Blütenstaub von Lilien sofort und – das ist ganz wichtig! – trocken entfernen. Entweder Sie bürsten den Staub mit einer Bürste aus oder Sie legen Klebeband auf den Fleck, drücken es an und entfernen es wieder. Der Fleck müsste dann verschwunden sein. Reiben dürfen Sie auf keinen Fall. Dann hilft nur noch die chemische Reinigung.

Wie kann ich verhindern, dass bei meinen Begonien die Knospen abfallen?

Wahrscheinlich ist Ihren Begonien die Luftfeuchtigkeit zu gering. Um sie zu einem richtigen Blickfang werden zu lassen, empfiehlt es sich, die Töpfe auf feuchten Blähton zu stellen.

Immer wieder habe ich Probleme mit Schnittrosen. Kaum gekauft, lassen sie die Köpfe hängen, ohne dass sie richtig aufblühen. Was mache ich falsch?

Warum die Rosen die Köpfe hängen lassen, ohne aufzublühen, beschäftigt in Holland ganze Forschungslabore. Wenngleich die Ursache immer noch nicht völlig geklärt ist, hat man doch herausgefunden, wie sich die Haltbarkeit von Rosen verlängern lässt. Wichtig ist vor allem, dass eine Rose nicht zu knospig geschnitten worden ist. Eine halbaufgeblühte blüht schöner und länger. Den Stiel der Rose schneidet man mit einem scharfen Messer schräg an und entfernt alles Laub, das ins Wasser hängen könnte. Eine saubere Vase und frisches Wasser sind wichtige Voraussetzungen für ein schönes Aufblühen der Rosen. Zugluft und ein Standort neben der Heizung sollten vermieden werden. Schnittblumennahrung trägt ein Übriges zur Haltbarkeit von Rosen bei. Wenn die Rosen die Köpfe hängen lassen, schneidet man sie frisch an, wickelt sie fest in Zeitungspapier ein und stellt sie über Nacht in frischem Wasser an einen kühlen Platz. Am nächsten Morgen stehen sie wieder schön gerade.

Meine Grünlilie bekommt im Winter immer braune Punkte auf den Blättern. Fehlt es an Dünger?

Nein. Gerade im Winter sollten Sie ihre Grünlilie nicht düngen. Die braunen Punkte auf den Blättern ihrer Grünlilie weisen auf eine zu geringe Luftfeuchtigkeit hin. Übersprühen sie die Pflanze häufig mit lauwarmen Wasser, um die Luftfeuchtigkeit in der Umgebung der Pflanze zu erhöhen.

Meine Lieblingsblumen sind Calla. Leider halten diese extravaganten Blüten nur ein paar Tage. Was kann ich für ihre Haltbarkeit tun?

Schneiden Sie den dicken, fleischigen Stiel mit einem scharfen Messer schräg ein und stellen Sie ihn in frisches Wasser mit Schnittblumennahrung. An einem Standort nicht über 15 °C hält die Calla so 10 bis 14 Tage.

Neulich habe ich gelesen, dass es auch einen rosa Rittersporn geben soll. Stimmt das? Ich kannte den Rittersporn bislang nur in Blau.

Ja, der rosa Rittersporn ist eine Neuheit im Schnittblumenangebot. Diese neue Sorte wurde in den Niederlanden zum ersten Mal vorgestellt. Der neue rosa Rittersporn zeichnet sich durch eine besonders volle Blüte und durch lange Haltbarkeit aus. Eine herrliche Blume für einen Spätsommerstrauß! Übrigens: Rittersporn gibt es seit langem nur nicht in Blau, sondern auch in Weiß. Nur in Rosa ist er noch eine Neuheit.

Kann man statt käuflicher Schnittblumennahrung auch Kupfercent, Kochsalz, Zucker, Limonade und Spülmittel zur Verlängerung der Haltbarkeit von Blumen benutzen?

Das Leben von Schnittblumen hängt vom Nährstoffangebot und von der Fäulnisbildung an der Schnittstelle ab. Nährstoffe verlängern die Haltbarkeit und lassen die Blüten sich entwickeln, Fäulnisbildung setzt die Haltbarkeit herab. In der käuflichen Schnittblumennahrung sind sowohl Nährstoffe für die Blumen als auch antibakterielle Substanzen enthalten, die das Vasenwasser sauber halten. Doch nun zu den Hausmitteln: Auch der Kupfercent soll das Wasser reinhalten und den Stoffwechsel der Fäulnisbakterien stören. Ein kleiner Kupfercent kann jedoch nicht allzu viel bewirken, er wird die Haltbarkeit nicht beeinflussen. Absolut schädlich ist der Zusatz von Kochsalz. Zucker wie auch Limonade können für manche Schnittblumen zwar Nährstoffe bieten, dennoch können sie die Fäulnis keinesfalls verhindern. Spülmittel kann zwar die Wasseraufnahme der Stiele erleichtern, weil es das Wasser entspannt, gleichzeitig schädigt es aber die pflanzlichen Stiele. Wichtigste Voraussetzungen für eine lange Haltbarkeit von Schnittblumen ist Hygiene, das heißt eine saubere, heiß ausgewaschene Vase und frisches Wasser. Das Übrige kann nur spezielle Schnittblumennahrung leisten. Für die Haltbarkeit der Blumen ist die Wassertemperatur in der Vase entscheidend. Nie kaltes (sauerstoffreiches), sondern nur handwarmes Wasser darf in die Vase.

Ab und zu sieht man auf den Blumenmärkten Lilienblütige Tulpen. Sind die Lilienblütigen neue Züchtungen?

Lilienblütige Tulpen sind schon seit fast vier Jahrhunderten bekannt. Seit Anfang des 17. Jahrhunderts sind Kreuzungen von Darwintulpen mit der botanischen Tulpe *Tulipa retroflexa* entstanden. Von der gesamten in den Niederlanden mit Tulpenzwiebeln bepflanzten Fläche machen sie nur etwa 1,5 % aus. Das ist der Grund dafür, dass man sie so selten sieht. Die bekanntesten Sorten sind 'Aladin', 'West Point', 'Queen of Sheba' und 'China Pink'.

Wenn ich Gerbera kaufe, dann sind die einzelnen Stiele immer durch einen Draht befestigt. Was habe ich davon zu halten?

Gerberas sind sehr empfindliche Blumen, die noch in der Vase weiterwachsen. Dieser Empfindlichkeit wird auch beim Transport vom Züchter über die Versteigerungen bis in den Blumenladen Rechnung getragen, indem die Gerberas nicht wie andere Blumen stehend oder liegend transportiert werden, sondern in einem speziellen Karton, in den die Korbblütler eingefädelt worden sind, damit die Stiele nicht krumm wachsen. Bei Sträußen oder bei Gestecken verwendet der Florist Blumendraht, um die Blüten in der gewünschten Orientierung zu halten. Der Blumendraht verlängert so die Haltbarkeit der Blume, weil sie durch die zusätzliche Unterstützung nicht knicken kann.

Mein Ficus orientiert sich nur zum Fenster hin. Er sieht schon ganz einseitig aus. Kann ich ihn durch Drehen des Topfes wieder in Form bringen?

Pflanzen orientieren sich, vor allem an dunkleren Standorten, meistens zum Licht. Wenn Sie Ihren Ficus nun drehen, wird er damit Probleme haben und wahrscheinlich Blätter abwerfen. Um ihn wieder in Form zu bringen, rate ich lieber zum Schnitt, doch auch danach sollten Sie die Pflanze wieder wie bisher zum Licht aufstellen.

Ich möchte für ein Adventsgeschenk neben Tannengrün eine Amaryllisblüte verwenden. Wie gelingt es mir, den Amaryllisstiel zu stabilisieren?

Für Ihr Adventsgesteck empfehle ich, die Amaryllis, die einen hohlen Stiel hat, mit einem dünnen Bambusstäbchen zu festigen. Sie stecken das Stäbchen in den Stiel und können die Blume dann stabil im Steckschaum befestigen. Vergessen Sie nicht, Schnittblumennahrung ins Wasser zu geben, dann hält die Amaryllis länger.

Meine Azalee bekommt gelbe Blätter und dies, obwohl sie kühl steht und reichlich gegossen und gedüngt wird. Woran liegt das?

Das Vergilben der Blätter der Azalee liegt eindeutig am Gießwasser. Azaleen sind Moorbeetpflanzen und kalkhaltiges Gießwasser verursacht bei Azaleen eine gelbliche Blattfärbung. Diese Krankheit entsteht durch einen Eisenmangel der Pflanze. Das Spurenelement Eisen wird von allen grünen Pflanzen zur Ausbildung des Blattgrüns benötigt. Mit dem Gießwasser zugeführter Kalk wandelt das vorhandene Eisen in eine Form um, in der es nicht mehr wasserlöslich ist. Dadurch wird die Aufnahme des lebensnotwendigen Spurenelements durch die Wurzeln der Azalee verhindert. Deshalb kalkfreies Wasser (zum Beispiel abgekocht) zum Gießen benützen.

Kann ich meine Azalee nach der Blüte weiter kultivieren oder lohnt sich das nicht?

Und ob sich das lohnt! Azaleen werden immer schöner. Nach der Blüte wird die Azalee in eine spezielle saure, humose Erde umgetopft. Bis ins späte Frühjahr bleibt die Pflanze an ihrem Platz stehen und dann stellt man sie am besten an eine geschützte Stelle im Freien, in den Garten oder auf den Balkon. Alle zwei Wochen wird gedüngt. Im September, wenn die erneute Knospenbildung beginnt, stellt man sie an einen kühlen Platz im Haus, gießt mäßig und stellt das Düngen ein. An einem hellen, kühlen Standort beginnt nun die Blütezeit von neuem.

Soll man **Hyazinthen** mit der Zwiebel **ins Wasser** stellen?

Man hat tatsächlich herausgefunden, dass Hyazinthen als Schnittblumen länger halten, wenn man sie nicht von ihrer Zwiebel trennt. So nehmen sie auch weiterhin von der Zwiebel Nährstoffe auf. Für die Vase bietet dies noch einen weiteren Vorteil, denn die Hyazinthe hat durch die belassene Zwiebel einen etwas längeren Stiel und ist somit einfacher mit anderen Blüten zu kombinieren.

Ich habe vor, meinen **Farn umzupflanzen.** Welche Erde sollte ich verwenden?

Farne bevorzugen humosen Boden und verlangen beim Verpflanzen lockeres Substrat aus Lauberde mit reichlich Torfmull vermischt. Das schützt die Pflanze vor dem Austrocknen. Während der Wachstumszeit sollten Farne schwach gedüngt werden. Ein optimales Düngemittel ist übrigens Kaffeesatz. Ab und zu locker ins Erdreich eingearbeitet, gibt er den Pflanzen Kraft, ihre prächtigen, sattgrünen Wedel zu entfalten.

Mit **Christrosen** lässt sich so schöner Tischschmuck gestalten. Leider halten sie **in der Vase** nicht lange.

Wenn Sie die Christrosen frisch gekauft haben, sollten Sie mit einem scharfen Messer den unteren Zentimeter des Stieles schräg anschneiden und dann mit einer spitzen Nadel rund um das untere Stielende vielfach einstechen, so kann die Blume mehr Wasser aufnehmen. Stecken Sie ein paar Tannenzweige mit in die Vase, das verlängert die Haltbarkeit. Wichtig: Nur lauwarmes Wasser in die Vase füllen!

Kann man **Orchideen**, die zu faulen beginnen, überhaupt noch **retten**?

Ist das „Herz" der Pflanze, also die Mitte betroffen, ist nichts mehr zu machen. Von solchen Orchideen wird man sich trennen müssen. Sind nur einzelne Blätter beziehungsweise Teile der Pflanze (zum Beispiel eine Bulbe) befallen, sollten diese mit einem sauberen Messer entfernt werden. Auch in diesem Fall müssen Schnittstellen mit Kohle- oder Schwefelpulver behandelt werden. Die Pflanze muss danach möglichst trocken und mit viel Frischluft weiter kultiviert werden. Erst wenn die Orchidee für einige Tage völlig durchgetrocknet ist, sollte man wieder vorsichtig gießen.

Man kann sich auch die desinfizierende Wirkung von Oregano-Öl zunutze machen. Dazu wird ein Tropfen Oregano-Öl mit einem Esslöffel Speiseöl gemischt und diese Mischung mit einem Pinsel rund um die faulenden Stellen verteilt. Die faulen Stellen trocknen einfach ab und die Ränder verheilen. Oregano-Öl gibt es in Apotheken.

Ich möchte mir gerne einen Drachenbaum in Hydrokultur anschaffen. Worauf muss ich bei der Pflege achten?

Drachenbäume (*Dracaena*) sind für Hydrokultur sehr gut geeignet. Das Angebot in den Hydrokulturabteilungen der Gartenmärkte ist sehr vielfältig und kann jeden Geschmack zufrieden stellen. Vor allen Dingen ist bei der Pflege der Pflanzen darauf zu achten, dass es sich bei Drachenbäumen meist um Warmhauspflanzen handelt, die keine Kälte vertragen können. Sie müssen unbedingt berücksichtigen, dass die Temperatur nicht unter 16 °C absinkt. Nur *Dracaena draco* verträgt etwas tiefere Temperaturen. Wie bei jeder Hydrokultur ist zu hoher Wasserstand schädlich. Befolgen Sie unbedingt den Grundsatz: Wasser stets nur bis zur Optimum-Grenze einfüllen und bis zur Minimum-Anzeige absinken lassen. Erst dann neues Wasser nachfüllen. Obwohl Drachenbäume einen hellen Standort bevorzugen, müssen sie vor direkter Sonneneinstrahlung geschützt werden. Sehr wenig Licht benötigen die grünblättrigen *Dracaena-deremensis*-Sorten wie zum Beispiel 'Janet Craig Compacta'. Auch *Dracaena marginata* nimmt mit schattigen Plätzen vorlieb. Ist die Luft zu trocken, reagieren Drachenbäume oft mit braunen Blattspitzen. In diesem Fall sollte die Pflanze häufiger besprüht werden.

Ich habe gehört, dass Tulpen in der Vase wachsen. Ist das wahr, kann ich das glauben?

Es ist wahr. Nach der Ernte wachsen Tulpen noch mehrere Zentimeter in der Vase. Genießen Sie das Leben dieser Blume. Nach einigen Tagen gewinnt ein Tulpenstrauß so einen wunderbar dekadenten Charme.

Ich habe gehört, dass Zimmerpflanzen zur Verbesserung der Raumluft beitragen. Welche können Sie mir besonders empfehlen?

Es gibt viele Pflanzen, die für gesundes Raumklima sorgen. Studien haben erwiesen, dass einige Pflanzen die Konzentration von giftigen Substanzen wie Formaldehyd oder Kohlenmonoxid in der Luft senken. Zu empfehlen sind beispielsweise Zimmerlinde, Philodendron, Grünlilie, Nestfarn, Einblatt, Drachenbaum und Bogenhanf.

Ich finde riesige Zimmerbäume wunderschön. Welche wachsen besonders schnell?

Sehr groß und sehr schnell wachsen beispielsweise Strahlenaralie, Fensterblatt, verschiedene Drachenbäume, Ficus benjamina, Gummibaum, Jacaranda, Zimmerlinde, Bananen, Schönmalven und die pflegeleichten Angehörigen der Yucca-Familie. Alle diese Pflanzen brauchen viel Licht, jedoch keine direkte Sonne. Sie sollten mäßig gegossen und regelmäßig besprüht werden.

Meine Zimmerpflanzen bekommen ab November braune Blattränder. Wer oder was ist daran Schuld?

Viele Pflanzen vertragen die trockene Heizungsluft im Winter nur schlecht. Sie zeigen an den Blättern eine ungesunde braune Färbung, die oft an den Spitzen oder den Rändern beginnt. Unternimmt man nichts dagegen, kann das Abwerfen der Blätter die Folge sein. Um das zu verhindern, können Sie mehrmals täglich die Blätter mit Wasser aus einem Zerstäuber besprühen oder den Topf in einen größeren stellen und den Zwischenraum mit Blähton füllen. Diese Materialien speichern die Feuchtigkeit lange. Bei Bedarf sollte Wasser nachgegossen werden. Bei besonders trockener Luft hilft ein elektrischer Luftbefeuchter oder – je nach Geschmack – auch ein Zimmerspringbrunnen.

Ich möchte mir gerne eine Azalee für die Wohnung kaufen. Was sollte ich dabei beachten?

Azaleen werden ab August bis April in unterschiedlichsten Farben von Rot, über Rosa, Weiß bis Lila angeboten. Botanisch lassen sich bei den Topfazaleen die Indischen Azaleen *(Rhododendron simsii)* mit relativ großen Blüten und die Japanischen Azaleen *(Rhododendron obtusum),* die zahlreiche kleinere Einzelblüten haben, unterscheiden.

Wichtigste Voraussetzung für eine lange Blütezeit ist eine Temperatur von 15 bis 20 °C, ausreichend Licht und genügend Wasser. Wichtig beim Kauf: Die Knospen müssen Farbe zeigen, dürfen jedoch nicht völlig geöffnet sein.

Welche Pflanzen kommen mit **wenig Licht** aus?

Mit wenig Licht gedeihen zum Beispiel Begonien, Bergpalmen, Efeu, Einblatt, Farne, Grünlilie, Gummibaum, Palmfarn, Schusterpalme, Tradeskantie und Zimmeraralie.

Was versteht man bei **grünen Zimmerpflanzen** unter Ruhezeit? Brauchen Sie in dieser Zeit einen anderen Standort?

Für viele Zimmerpflanzen beginnt etwa im Oktober die Zeit der Umstellung auf die Ruhezeit, das heißt auf eine Phase keines oder nur sehr geringen Wachstums. Mit der abnehmenden Tageslänge wird die zur Verfügung stehende Lichtmenge immer geringer. Damit es nun infolge Lichtmangels nicht zu einem Verkümmern der Pflanzen kommt, versucht man das Wachstum der Pflanzen zu bremsen. Am besten gelingt dies, wenn man die Pflanzen an einen kühleren Ort stellt. Wo dies nicht möglich ist, lässt man die Pflanze an ihrem Standort stehen, reduziert aber die Gießmenge. Auf keinen Fall sollte während der Ruhezeit gedüngt werden.

Auf den Blättern meiner Orchideen (Phalaenopsis) treten plötzlich gelbe, braune oder schwarze Flecken auf. Was ist die Ursache?

Flecken auf Orchideen können ganz verschiedene Ursachen haben. Diese kann man bestimmen, wenn man sich die Flecken genau ansieht:

1. Sonnenbrand Die Flecken sind recht groß, trocken, braunschwarz, in manchen Fällen in der Mitte weiß. Die Orchidee stand in der Sonne. Die Flecken breiten sich nicht weiter aus: Die Orchidee hat wahrscheinlich Sonnenbrand. Stellen Sie sie an ein helles Fenster, durch das die Sonne mittags nicht direkt scheint. Gerade im Frühling müssen Orchideen erst langsam an die Sonne gewöhnt werden. Besondere Gefahr besteht, wenn die Orchideen im Frühling an einen helleren Platz (zum Beispiel auf den Balkon) gestellt werden. Wenn nicht schon zu viele Blätter verbrannt sind, besteht nach der Umstellung keine Gefahr mehr für die Orchidee.

2. Pilzinfektion Die Flecken sind braun oder schwarz, meist (aber nicht immer) eingesunken aber trocken und breiten sich aus: Dabei handelt es sich wahrscheinlich um eine Pilzinfektion (Schwarzfleckenkrankheit), die durch Sprühen der Blätter oder zu hohe Wassergaben in der Ruhephase (meist verbunden mit Lichtmangel und Kälte) und zu hoher Luftfeuchte bei zu geringer Luftbewegung gefördert wird. Mein Tipp: Die befallenen Blätter, soweit dies möglich ist, gründlich ab- oder ausschneiden, wobei die Schnittwerkzeuge vorher und nachher desinfiziert werden sollten. Befallene Pflanzen sollten isoliert gehalten werden, bis sich die Krankheit nicht weiter ausbreitet.

Danach müssen die Kulturbedingungen verbessert werden: Das Sprühen sollte zunächst ganz eingestellt werden, die Luftfeuchte gesenkt und für mehr Frischluft gesorgt werden.

Als Alternative zur chemischen Keule lässt sich in vielen Fällen Zimt gegen Pilze einsetzen: ein Teelöffel gemahlener Zimt wird dazu in einer kleinen Tasse mit Wasser vermischt. Durch intensives Rühren entsteht eine Suspension, die dann mit einem breiten Pinsel großzügig auf die Blätter aufgebracht wird. Dabei sollten nicht nur die befallenen Blätter, sondern die ganze Pflanze behandelt werden. Ist der Pilzbefall geheilt, kann der Zimt mit Wasser abgespült werden. Eine weitere Möglichkeit ist der Einsatz eines Knoblauchsuds gegen Pilze: Den Sud stellt man her, in dem man etwa vier bis fünf Zehen zerdrückt und dann mit einem halben Liter Wasser aufbrüht. Das Wasser sollte zum Sieden erhitzt werden und dann über den Knoblauch gegossen werden, wenn es gerade nicht mehr kocht. Das Ganze etwa vier Stunden (oder über Nacht) ziehen lassen, filtrieren (zum Beispiel über einen Kaffeefilter) und dann unverdünnt sprühen oder mit einem Pinsel auf die Blätter auftragen. Einen Teil der Brühe sollte man dem Gießwasser zusetzen, um Pilze auch im Substrat abzutöten. Die Geruchsbelästigung hält sich in Grenzen.

Warum blüht meine Pflanze nicht?

Bleibt bei einer Pflanze die ersehnte Blüte aus, ohne dass Krankheiten oder Schädlinge festzustellen sind, sollte man ihre Bedürfnisse ermitteln und mit den tatsächlich vorhandenen Gegebenheiten vergleichen. Defizite müssen dann gegebenenfalls ausgeglichen werden.

Was ist eine **Venusfliegenfalle?**

Die Venusfliegenfalle (*Dionaea muscioula*) oder Fliegenklappe gibt es tatsächlich. Diese Pflanze bringt vielen Fliegen den Tod. Sie umschließt – wenn ihre Blatthaare von einer Fliege berührt werden – mit ihren Blättern das Tier und öffnet sich erst wieder wenn das gefangene Insekt verdaut ist.

Die **Blätter** meiner Orchidee sehen aus wie eine **Ziehharmonika.**

Dieser Wuchs kommt zustande, wenn die Triebe längere Wachstumspausen einlegen und dann wieder weiter wachsen. Grund ist meist zu viel oder zu wenig Wasser, zu hohe Temperaturen oder zu geringe Temperaturabsenkung in der Nacht. Meist sind *Miltonia-*, *Odontoglossum-* und *Promenea-*Arten betroffen. Selbst unter idealen Bedingungen ist ein leichter Knitterwuchs oft nicht zu verhindern. Das Phänomen macht die Pflanze unattraktiver, hat aber sonst zunächst keine Auswirkungen. An der Vielzahl der teilweise gegensätzlichen Ursachen kann man erkennen, dass es kein pauschales Heilmittel gegen den Knitterwuchs gibt. Es bedarf einiger Erfahrung mit der Pflanze, um dieses Problem zu beseitigen. Oft helfen aber tiefere Temperaturen und eine Änderung des Gießverhaltens: Gießen Sie die Orchidee erst dann wieder, wenn Sie ganz ausgetrocknet ist, wenn sie bisher immer feucht gehalten wurde. Halten Sie die Orchidee etwas feuchter, wenn sie bisher öfters austrocknete.

Ich kann einfach nicht mit Orchideen umgehen! Bereits nach wenigen Wochen fangen alle an zu faulen. Wie kommt es überhaupt zur Fäulnis?

Fäulnis wird immer durch zu viel Wasser und Staunässe ausgelöst. Meist läuft Wasser zwischen zwei Blätter in die Mitte der Orchidee (Herz) oder zwischen Blatt und Bulbe. Wenn es dort stehen bleibt, können sich Bakterien innerhalb kurzer Zeit stark vermehren und zu Fäulnis füh-ren. Der beste Schutz ist also, darauf zu achten, dass kein Wasser längere Zeit an der Orchidee ver-bleibt. Zum Gießen eignet sich der Morgen am besten, weil Wasserreste im Laufe des Tages besser verdunsten kön-nen als in der Nacht. Auch eine zu hohe Luftfeuchtig-keit bei zu wenig Frischluft kann der Auslöser für Fäulnis

und bakterielle Krankheiten sein. Oft werden bereits geschwächte Pflanzen von Fäulnis betroffen. Deshalb ist hier ist beim Gießen besondere Vorsicht geboten und es sollten auch alle anderen Kulturbedingungen überprüft werden. Ebenfalls stark gefährdet sind Orchideen, die gerade umgetopft oder an denen Pflanzenteile abgeschnitten worden sind. Solche Schnittstellen sollten immer mit Kohle- oder Schwefelpulver desinfiziert werden.

Meine Orchidee wächst gut, blüht aber seit über einem Jahr nicht mehr. Woran liegt das?

In den meisten Fällen wurde die benötigte Ruhepause nicht eingehalten. Oft braucht die Orchidee die Ruhepause vor oder nach der Blüte. In dieser Zeit darf auf keinen Fall gedüngt werden, die Wassergaben sind stark zu reduzieren und die Temperatur muss deutlich vermindert werden. Das Gießen zu unterlassen und nicht zu düngen sind zwei leicht einzuhaltende Maßnahmen, schwieriger ist die Absenkung der Temperatur. Im Winter lassen sich solche Orchideen in wenig oder nicht beheizte Räume verlegen. Im Sommer erreicht man diese Temperaturabsenkung, indem man die Pflanze auf den Balkon oder in den Garten stellt. Manche Orchideen benötigen für die Blütenbildung eine Temperaturabsenkung in der Nacht. Auch hier hat es sich bewährt, die Pflanzen im Sommer im Freien zu kultivieren.

Meine Orchidee ist krank! Seit zwei Tagen befinden sich schwarze Flecken auf den Blüten.

Dabei handelt es sich um eine Pilzinfektion (Botrytis), die durch Sprühen (meist verbunden mit Lichtmangel und/oder Kälte) und zu hohe Luftfeuchte bei zu geringer Luftbewegung gefördert wird. Die Kulturbedingungen sollten verbessert werden: Das Sprühen sollte zunächst ganz eingestellt, die Luftfeuchte gesenkt und für mehr Frischluft gesorgt werden. Ein zusätzlicher Schutz bietet ein Papiertaschentuch, das abends auf die Blüten gelegt wird. Solange sich der Befall auf die Blüten beschränkt, ist es nur ein optisches Problem. Der Orchidee selbst schadet es nicht.

Auf Blättern und den Blütenstielen unserer Orchideen haben sich klebrige Tropfen gebildet. Woran liegt das?

Bis zu einem gewissen Maß lässt sich das Phänomen nicht verhindern und ist normal. Diese Tropfen treten bei den Gattungen *Phalaenopsis* und *Cattleya* aber immer dann verstärkt auf, wenn die Pflanze unter Stress steht. Besonders stark sind sie zu beobachten, wenn der Unterschied zwischen Tages- und Nachttemperatur zu groß ist. Dieser sollte bei Phalaenopsen bei etwa 3 bis 6 °C liegen. Schädlinge können auch die Ursache für diese Tröpfchenbildung sein, deshalb sollte man diese Pflanzen besonders gründlich kontrollieren. Auch wenn keine Schädlinge zu beobachten sind, werden Läuse und Ameisen von den süßen Tropfen angezogen. Um die Tropfen loszuwerden, kann man sie mit etwas warmen Wasser und einem Tuch vorsichtig abwischen. Um die Tröpfchenbildung einzuschränken, sollten die Kulturbedingungen optimiert werden, zum Beispiel, indem man die Pflanze nachts etwas wärmer oder am Tag etwas kühler stellt.

Verschiedene meiner Zimmerpflanzen haben auf einmal hellgelbe und silberfarbene Flecken und Linien auf den Blättern. Was kann das sein?

Wahrscheinlich sind ihre Pflanzen von Minierfliegen befallen. Das etwa 3 mm große Insekt legt seine Eier an der Unterseite der Blätter an. Die schlüpfenden Maden bohren sich in die Blätter ein und fressen sich zwischen der Ober- und Unterseite im Blattinneren durch. So entstehen die für die Minierfliege typischen Flecken und Linien, die sogenannten Minen. Die Schädlingsbekämpfung ist nicht schwierig. Alle befallenen Blätter sollten entfernt und vernichtet werden.

Wir haben es zu Hause schön warm, aber in unserer Wohnung ist die Luft zu trocken.

In den meisten Räumen beträgt die relative Luftfeuchtigkeit in der Regel 25 bis 30 %. Ideal für das menschliche Wohlbefinden sind Temperaturen von 18 bis 24 °C bei einer relativen Luftfeuchtigkeit von 45 bis 55 %. Der trockenen Luft kann man zum Beispiel mit einem Luftbefeuchter zu Leibe rücken, kleine Zimmerspringbrunnen erstehen, mit Wasser gefüllte Gefäße aufstellen oder Pflanzen zur Luftbefeuchtung verwenden. Pflanzen bieten den Vorteil, dass sie eine konstante Luftfeuchtigkeit garantieren: Im Sommer, bei höheren Temperaturen, steigt die Verdunstung über die Blattflächen der Pflanzen an, bei geringen Temperaturen fällt sie ab. So verdunstet etwa eine Papyrus-Pflanze mit einer Höhe von 1,5 m pro Tag ein bis zwei Liter Wasser.

In einem Gespräch mit Bekannten tauchte die Frage auf: Wie sah die erste Blume aus? Können Sie uns da weiterhelfen?

Bislang ist wissenschaftlich nicht eindeutig geklärt, welcher Familie im botanischen Reich die ersten Blütenpflanzen zuzuordnen sind. Ob die ersten Blütenpflanzen bereits alle Merkmale einer modernen Blüte trugen oder ob sie im Aufbau einfacher waren, ist wissenschaftlich nicht bewiesen. Einig sind sich die Experten jedoch darüber, dass es nur eine Urblume gab. Ob das Zeitalter der Blütenpflanzen mit einem magnolienartigen Gewächs begann oder, wie andere Wissenschaftler vermuten, mit den Vorfahren von den heutigen Seerosen oder dem Schwarzen Pfeffer, konnte bislang nicht bewiesen werden.

Service

Auf den folgenden Seiten finden Sie Adressen von Vereinen und Verbänden, Pflanzenanbietern, Zubehör- und Gartengeräteherstellern und Bodenuntersuchungsinstituten.

Pflanzenliebhaber-Gesellschaften (alphabetische Sortierung nach Pflanzengruppen)

DGGL – Deutsche Gesellschaft für Gartenkunst und Landschaftskultur e.V
Wartburgstraße 42
10823 Berlin
Tel.: 030/78 71 36 13
Fax: 030/7 87 43 37
E-Mail: bund@dggl.org
www.dggl.org

Europäische Bambus-Gesellschaft
c/o Edeltraud Weber
John-Wesley-Str. 4
63584 Gründau (Rothenbergen)
Tel.: 0172/6 64 42 90
E-Mail: info@bambus-deutschland.de
www.bambus-deutschland.de

Internationale Clematis-Gesellschaft
c/o Walter Hörsch
Hagenwiesenstr. 3
73066 Uhingen
E-Mail: 4Schrecks@gmx.de
www.clematisinternational.com

Deutsche Dahlien-, Fuchsien- und Gladiolen-Gesellschaft e.V
c/o Bettina Verbeek
Maasstr. 153
47608 Geldern-Walbeck
E-Mail: info@ddfgg.de
www.ddfgg.de

Deutsche Dendrologische Gesellschaft e.V
Dr. Mirko Liesebach
Wilh.-Pieck-Str. 2A
15377 Waldsieversdorf
E-Mail: ddg_web@web.de
www.ddg-web.de

Deutsche Efeu-Gesellschaft
Geschäftsstelle
Hauptstraße 48
24890 Stolk
Tel.: 0 46 23/15 02
www.efeugarten.de

Deutsche Fuchsien-Gesellschaft e.V.
Geschäftsstelle
Renate Ripke
Linnenkämper Str. 10
37627 Stadtoldendorf
Tel.: 0 55 32/36 15
Fax: 0 55 32/50 43 56
E-Mail: R_Ripke@t-online.de
www.deutsche-fuchsien-ges.de

Gesellschaft der Heidefreunde e.V.
Geschäftsstelle
Berner Heerweg 431
22159 Hamburg
www.gdh.heidezuechtung.de

Gesellschaft für Fleischfressende Pflanzen im deutschsprachigen Raum GFP e.V.
Carsten Paul
Weinstraße 114
67434 Neustadt
Tel.: 0 63 21/35 49 94
E-Mail: vorsitzender@carnivoren.org
www.carnivoren.org

Deutsche Kakteen-Gesellschaft e.V.
Geschäftsstelle
Oos-Straße 18
75179 Pforzheim
Tel.: 0 7231 / 28 15 50
Fax: 0 72 31/28 15 51
E-Mail: kontakt@dkg.eu
www.deutschekakteengesellschaft.de

Deutsche Orchideen-Gesellschaft e.V.
Flößweg 11
33758 Schloss Holte-Stukenbrock
Tel: 0 52 07/92 06 07
Fax: 0 52 07/92 06 08
E-Mail: dog-zentrale@t-online.de
www.orchidee.de

Vereinigung deutscher Orchideenfreunde VDOF e.V.
Geschäftsstelle
Rita Jonuleit
Mittel-Carthausen 2
58553 Halver
Tel.: 0 23 53/13 71 19
www.orchideen-journal.de

Deutsche Rhododendron-Gesellschaft
c/o Julia Westhoff
Marcusallee 60
28359 Bremen
Tel.: 04 21/3 61-30 25
Fax: 04 21/3 61-36 10
E-Mail: Julia.Westhoff@
stadtgruen.bremen.de
www.bremen.de/info/stadtgruen/DRG

Gesellschaft Deutscher Rosenfreunde e.V
Geschäftsstelle
Waldseestraße 14
76530 Baden-Baden
Tel.: 0 72 21/3 13 02
Fax: 0 72 21/3 83 37
E-Mail: info@rosenfreunde.de
www.rosenfreunde.de

Österreichische Rosenfreunde in der Österreichischen Gartenbau-Gesellschaft
Parkring 12
A-1010 Wien
Tel.: +43/(0)1/51 28-416
Fax: +43/(0)1/51 28-417
www.garten.or.at

Gesellschaft Schweizerischer Rosenfreunde
Professor Dr. Theodor Zwygart
Schlossbergstrasse 23
CH-8820 Wädenswil
E-Mail: info@rosenfreunde.ch
www.rosenfreunde.ch

Gesellschaft der Staudenfreunde e.V
Geschäftsstelle
Evi Roth
Neubergstraße 11
77955 Ettenheim
Tel.: 0 78 22/86 18 34
Fax: 0 78 22/86 18 33
E-Mail: info@gds-staudenfreunde.de
www.gds-staudenfreunde.de

Gesellschaft der Wassergarten-Freunde e.V
Theo Germann
Am Rübsamenwühl 22

67346 Speyer
Tel.: 0 62 32/6 30 40
E-Mail: gaertnerei-germann@
t-online.de
www.wassergarten.de

Vereine und Verbände
(www.gartenbauvereine.de)

**Bundesverband Deutscher
Gartenfreunde e.V.**
Platanenallee 37
14050 Berlin
Tel.: 0 30/30 20 71-40
Fax: 0 30/30 20 71-39
www.kleingarten-bund.de

Bund Deutscher Baumschulen
Bismarckstraße 49
25421 Pinneberg
Tel.: 0 41 01/20 59-0
Fax: 0 41 01 /20 59-31
www.bund-deutscher-
Baumschulen.de

**Zentralverband Gartenbau
(ZVG) e.V.**
Godesberger Allee 142–148
53175 Bonn
Tel.: 02 28/810 02-0
Fax: 02 28/810 02-48
E-Mail: info@g-net.de
www.g-net.de

**Bund deutscher Staudengärtner
im Zentralverband
Gartenbau e.V. (ZVG)**
Geschäftsführerin
Dipl.-Ing. agr. Bettina Banse
Godesberger Allee 142-148
53175 Bonn
Tel.: 02 28/8 10 02-55
Fax: 02 28/8 10 02-48
E-Mail: zvg.banse@g-net.de
www.stauden.de

**Deutsche Gartenbau-
Gesellschaft 1822 e.V**
Lauenhaus
78465 Insel Mainau
Tel.: 0 75 31/1 52 88
Fax: 0 75 31/2 65 30
E-Mail: info@dgg1822.de
www.dgg1822.de

**Bundesverband der
Österreichischen Gärtner**
Haidestrasse 22
A-1110 Wien
Tel.: +43/(0)1/769 26 60
Fax: 43/(0)1/7 68 89 90
www.gartenbau.or.at

Amtliche Pflanzenschutzberatung (www.pflanzenschutzdienst.de)

Sachsen
Sächsische Landesanstalt für Landwirtschaft
Fachbereich Integrierter Pflanzenschutz, Referat 63
Alttrachau 7
01139 Dresden
Tel.: 03 51/85 30 40

Berlin
Pflanzenschutzamt Berlin
Mohriner Allee 137
12347 Berlin
Tel.: 0 30/70 00 06-0
Fax: 0 30/70 00 06-55

Brandenburg
Landesamt für Verbraucherschutz, Landwirtschaft und Flurneuordnung
Pflanzenschutzdienst
Ringstr. 1010
15226 Frankfurt(Oder)-Markendorf
Tel.: 03 35/52 76 22
Fax: 03 35/5 21 73 70
E-Mail: poststelle.pflanzenschutz-dienst@lvlf.brandenburg.de
www.lmur.brandenburg.de

Mecklenburg-Vorpommern
Landespflanzenschutzamt
Graf-Lippe-Str. 1
18059 Rostock
Tel.: 03 81/4 91 23-31 und -33
Fax: 03 81/4 92 26 65
E-Mail: poststelle@lps.mvnet.de

Hamburg
Institut für Angewandte Botanik
Pflanzenschutzamt Hamburg
Ohnhorststraße 18
22609 Hamburg
Tel.: 0 40/4 28 16-556

E-Mail: Pflanzenschutz@iangbot.uni-hamburg.de
www.pflanzenschutzamt-hamburg.de

Schleswig-Holstein
Pflanzenschutzamt
Westring 383
24118 Kiel
Tel.: 04 31/8 80 13 02
E-Mail: pflanzenschutz@pfs.alr-kiel.landsh.de

Bremen
Senator für Umweltschutz und Stadtentwicklung, Pflanzenschutz-dienst
Große Weidestr. 4–16
(Postanschrift: Hanseatenhof 5)
28195 Bremen
Tel.: 04 21/3 61 25 75

Lebensmittelüberwachungs-, Tier-schutz- und Veterinärdienst Bremen
Findorffstr. 101
28215 Bremen

Niedersachsen
Landwirtschaftskammer Weser-Ems
Pflanzenschutzamt
Sedanstraße 4
26121 Oldenburg
Tel.: 04 41/8 01-0
Fax: 04 41/8 01-777
E-Mail: psa@lwk-we.de
www.lwk-we.de

Landwirtschaftskammer
Hannover
– Pflanzenschutzamt –
Wunstorfer Landstraße 9
30453 Hannover
E-Mail: Pflanzenschutz@
Lawikhan.de
www.lwk-we.de

Hessen
Regierungspräsidium Gießen
Pflanzenschutzdienst Hessen
Schanzenfeldstr. 8
35578 Wetzlar
E-Mail: orthka@ulf.hessen.de
www.rp-giessen.de

Sachsen-Anhalt
Landespflanzenschutzamt
Lerchenwuhne 125
39128 Magdeburg
Tel.: 03 91/25 69-450 bis -453

Nordrhein-Westfalen
Landwirtschaftskammer
Nordrhein-Westfalen
Pflanzenschutzdienst
Siebengebirgsstraße 200
53229 Bonn
Tel.: 02 28/4 34-2101
E-Mail: Pflanzenschutzdienst@
lwk.nrw.de

Rheinland-Pfalz
Dienstleistungszentrum für den
ländlichen Raum (DLR)
Rheinhessen-Nahe-Hunsrück
Rüdesheimer Str. 60–68
55545 Bad Kreuznach
E-Mail: agrarwirtschaft-5@dlr.rlp.de

Saarland
Landwirtschaftskammer
für das Saarland
– Pflanzenschutzamt –
Dillinger Str. 67

66822 Lebach
Tel.: 06 81/6 65 05-0
Fax: 06 81/6 65 05-12
E-Mail: lwk-saar-martin@
t-online.de
www.lwk-saarland.de

Baden-Württemberg
Landesanstalt für Pflanzenschutz
Reinsburgstr. 107
70197 Stuttgart
Tel.: 07 11/66 42-400
Fax: 07 11/66 42-499
E-Mail: poststelle.@lfp.bwl.de

Bayern
Bayerische Landesanstalt für
Landwirtschaft
Institut für Pflanzenschutz
Lange Point 10
85354 Freising
E-Mail: Pflanzenschutz@
LfL.bayern.de
www.lfl.bayern.de

Staatliche Fachschule für
Agrarwirtschaft Veitshöchheim
Bayrische Gartenakademie
An der Steige 15
97209 Veitshöchheim
Tel.: 09 31/98 01-0

Thüringen
Thüringer Landesanstalt für
Landwirtschaft
Sachgebiet Pflanzenschutz
Kühnhäuser Str. 101
99189 Erfurt-Kühnhausen
Tel.: 03 62 01/8 17-0
Fax: 03 62 01/8 17-40
E-Mail: postmaster@
kuehnhausen.tll.de
www.tll.de

Register

Impressum

Mit 50 Illustrationen von Jens Corvin/Kosmos

Umschlaggestaltung von Atelier Reichert, Stuttgart unter Verwendung eines Fotos von Julia C. Modery (JCM), München (Andreas Modery) und mauritius images/Herbert Kehrer

Alle Angaben in diesem Buch sind sorgfältig geprüft und geben den neuesten Wissensstand bei der Veröffentlichung wieder. Da sich das Wissen aber laufend in rascher Folge weiterentwickelt und vergrößert, muss jeder Anwender prüfen, ob die Angaben nicht durch neuere Erkenntnisse überholt sind. Dazu muss er zum Beispiel Beipackzettel zu Dünge-, Pflanzenschutz- bzw. Pflanzenpflegemitteln lesen und genau befolgen sowie Gebrauchsanweisungen und Gesetze beachten.

Die Blütenfarben sind sortenabhängig, daher können auch Farben auf dem Markt sein, die im Buch nicht genannt werden. Die Blütezeiten sind ebenfalls sortenabhängig, aber auch klima- und standortabhängig. Die angegebenen Wuchshöhen und -breiten der Pflanzen sind Mittelwerte. Sie können je nach Nährstoffbehalt des Bodens variieren. Verschiedene Sorten können deutlich größer oder auch kleiner wachsen als die Art.

Unser gesamtes lieferbares Programm und viele weitere Informationen zu unseren Büchern, Spielen, Experimentierkästen, DVDs, Autoren und Aktivitäten finden Sie unter **www.kosmos.de**

Gedruckt auf chlorfrei gebleichtem Papier

ISBN 978-3-440-11671-5
Redaktion: Dr. Folko Kullmann, Stuttgart
Grundlayout: KULLMANN & PARTNER GbR, Stuttgart
Gestaltung und Satz: Medienfabrik GmbH, Stuttgart
Produktion: Medienfabrik GmbH, Stuttgart
Printed in Slovakia/Imprimé en Slovaquie